公共サービスの産業化と地方自治

「Society5.0」戦略下の自治体・地域経済

岡田知弘 著

自治体研究社

はじめに

　2014年5月8日、2040年までに日本の市区町村の約半数が消滅する可能性があるとした、日本創成会議（座長：増田寛也元総務大臣）のレポート「ストップ少子化・地方元気戦略」（以下、「増田レポート」と略）が、発表されました。全国紙、地方紙がほぼ一面を使って、各地の「消滅可能性都市」名を公表したため、名前があがった自治体関係者に衝撃が走りました。

　実は、このプレス発表のタイミングが、菅義偉官房長官との調整の下で決められたことが、後に『日本経済新聞』2014年6月22日付の記事で判明します。つまり、この増田レポートは、第二次安倍政権が、新たな地方政策を展開するために活用した「印象操作」であり、「ショックドクトリン」でした。実際、その一週間後、第31次地方制度調査会が発足し、増田レポートを前提にして、道州制導入の議論も想定した検討を開始します。また、同レポートは、経済財政諮問会議による「骨太方針2014」、国土審議会による「国土のグランドデザイン　2050」策定の前提としても活用されます。

　そして、9月には、鳴り物入りで地方創生政策が開始され、内閣府の下に地方創生本部が設置され、石破茂が地方創生担当大臣に任命されます。石破担当大臣の所掌事項には、地域活性化策だけでなく、国家戦略特区、地方分権改革に加えて、道州制も入っていました。同年11月21日、衆議院解散を決める日、当初の日程をずらしてまで成立させたのが、地方創生関連法案（まち・ひと・しごと創生法及び地域再生法の一部改正）でした。前者によって、国だけでなく、地方自治体も地方創生総合戦略および人口ビジョンの策定が、「努力義務」として強制されることになりました。また、後者によって、コンパクトシティ推進や農地転用の規制緩和策が盛り込まれたのです。

総選挙後の12月26日、政府は国の地方創生総合戦略を決定します。その際、地方自治体が数値目標を重要業績評価指標（KPI）として設定し、その達成度に応じて交付金をはじめとする財政誘導を行う仕組みも導入しました。

　それから5年が経過し、2019年5月23日、官邸に置かれた〈第2期「まち・ひと・しごと創生総合戦略」策定に関する有識者会議〉が、第1期の「地方創生総合戦略」の「中間とりまとめ報告書」を公表しました。同会議の座長は、またしても増田寛也元総務大臣でした。

　同報告書では、第一期の進捗状況を振り返り、「東京一極集中に歯止めがかかるような状況とはなっていない」という厳しい現実を率直に認めざるを得ませんでした。さらに、6月7日には新聞各紙が最新の人口動態統計の結果を報じ、2018年の合計特殊出生率は1.42となり、3年連続で減少したと報じました。つまり、2014年9月に鳴り物入りで開始された地方創生政策は、人口の東京一極集中を是正するという点でも、「少子化」対策という点でも、成果を出せていないということが明らかになりました。

　けれども、同報告書では、なぜ第一期総合戦略がうまくいかなかったかについて、真剣な検討はなされていません。実は、増田レポートでも、2000年代後半以降、なぜ日本の人口が地方を中心に人口減少局面や「少子化」傾向の加速を生み出したかについては、分析はしていませんでした。これまでの人口減少傾向は避けがたい「自然現象」であるかのような「印象操作」を行い、これに対応するために、どうするかという思考で政策提起をしていました。この点については、前著『「自治体消滅」論を超えて』（自治体研究社、2014年）で、反証も含めて批判をしたところです。その批判点は、今も生きているといえます。

では、これからどうするか。科学的・批判的な要因分析なしに、正しい処方箋が書けないのは、人間の病気だけでなく、社会的問題や現象についても同じです。ところが、同報告書では、またもや、その科学的な検証を避けて、これまでの政策を踏襲して「選択と集中」を強めるとともに、「新しい時代の流れを力にする」という項目を設けて、「Society 5.0の実現に向けた技術の活用」と「地方創生SDGsの推進」を進めるとしています。

　耳慣れない言葉ですが、これらは日本経済団体連合会（以下、経団連）が、新たな成長戦略として政府に提言してきた施策です。AI（人工知能）やロボティクスなどの「未来技術」を地方自治体が中心となって、地域に普及し、「地方創生」及び国連で採択された「持続可能な開発目標（SDGs）」に貢献するようにすべきだとしたのです。

　実は、これらは、総務省に置かれた「自治体戦略2040構想研究会」の第二次報告（2018年7月）と内容的にはほぼ同じものです。同年7月5日、第32次地方制度調査会が発足して、諮問事項は「人口減少が深刻化し高齢者人口がピークを迎える2040年頃から逆算し顕在化する諸課題に対応する観点から、圏域における地方公共団体の協力関係、公・共・私のベストミックスその他の必要な地方行政体制のあり方について、調査審議を求める」とされました。なお、「圏域」とありますが、それは基礎自治体レベルの「圏域」だけでなく、首都圏や関西圏という広がりの「圏域」も含みます。

　この諮問内容は「自治体戦略2040構想」とまったく同じ枠組みです。調査会の会長には市川晃住友林業社長が就任しました。市川社長は、経済同友会の副代表でもあります。第一次安倍政権の時は経団連副会長であったパナソニックの中村邦夫会長を調査会会長に据えました。安倍政権は、第一次政権時代から、基本的に財界団体で道州制あるいは地方分権改革を担当した役職者を指名してきています。

また、この諮問文の前提として、またもや「2040年」が持ち出されていることにも注目したいと思います。増田レポートがここでも活用されているのです。「人口減少必然」論を大前提にして、「逆算」方式で、地方制度や自治体の対応策を検討するという論理構造です。この「逆算」方式を、政府は「バックキャスティング」とカタカナ表記をしていますが、平岡和久氏が指摘するように、本来、バックキャスティングとは、あるべき理想ビジョンを設定し、その実現に向けた取り組みをどのように行うかという思考法であり、危機的状況にどう対応するかというものではない点にも留意する必要があります（白藤博行・岡田知弘・平岡和久『「自治体戦略2040構想」と地方自治』自治体研究社、2019年、85頁）。

第32次地方制度調査会では、これまで「2040年頃にかけて求められる視点」について議論し、中間報告をとりまとめているところですが、今後は地方自治法改正に関わる「圏域」行政についての検討を開始するとしています。

一方、このような法制度改革の議論は、2040年という年次が前面に出ていることから、かなり先のことではないかと考えている地方自治体関係者もいます。けれども、「自治体戦略2040構想」に盛り込まれた、AIやロボティクスの公共サービスへの導入、公共サービスの標準化・共通化、マイナンバーカード活用による個人情報＝ビッグデータの流動化とビジネス化、そして水道事業、卸売市場の民営化や運用権の売却、公共施設管理のPFI化などの動きが「スマート自治体」づくりや「業務改革」の名によって、個々の自治体で急速に広がっています。これらは、「公共サービスの産業化」政策として、経済財政諮問会議の席上、経団連会長ら民間4議員が提案した施策です。

いったい、このような「地方創生」政策や、「自治体戦略2040構

想」で、地方自治体はどのようになるのでしょうか。とくに、財界や首相官邸サイドが描こうとしている国のかたちと、そのなかでの地方自治体のあり方（これを「地方統治構造」とよぶ官僚もいます）の全体像をとらえる必要があります。

　次に、それが、果たして災害が続き、経済のグローバル化のなかで疲弊し、格差と貧困化が広がっている地域を再生し、なかでも地方自治体や国の主権者である住民・国民の生活を向上させて、幸福度を高めるものになるのかを、検証しなければなりません。

　また、このような政策動向は、当然、安倍首相が執念深く追求している憲法「改正」や道州制導入とも関係していると考えられます。現時点での地方制度改革や「公共サービスの産業化」政策が、具体的にどのように関係しあっているのかも把握することが求められます。

　併せて、AIの活用や個人情報の流動化を含む新たな段階の「構造改革」が、住民の幸福につながらないとすれば、いかなる改革方向が求められているかも検討されなければなりません。実は、その改革方向のヒントは、小泉構造改革以来、「小さくても輝く自治体フォーラム」に参加する自治体や、中小企業振興基本条例や公契約基本条例を活用した地域づくりに取り組んでいる先進的な地方自治体などによって、示されていることでもあります。

　地方自治体を、一部の企業のための経済的利益の対象として「私物化」させるのではなく、主権者である圧倒的多くの住民のものにするために、どのような取り組みをしていったらいいのか。これらの点も、本書では、検討していきたいと思います。

　2019年7月

岡田　知弘

公共サービスの産業化と地方自治
―「Society 5.0」戦略下の自治体・地域経済―

目次

はじめに 3

第1章　国の意思決定の仕組みが変わった
　　　　―「行政の私物化」の背景にあるもの―……………………………11
　　1　「グローバル国家」論と構造改革・「行政の私物化」過程　11
　　2　第二次安倍内閣による政財官抱合体制の再構築　19
　　3　グローバル国家型「成長戦略」で日本経済は衰退局面へ　22
　　4　地域経済の持続可能性を破壊するもの　32

第2章　日本経団連の「Society 5.0」成長戦略と
　　　　「自治体戦略2040構想」……………………………………………39
　　1　合言葉は「Society 5.0」と「SDGs」　39
　　2　経団連の成長戦略と国・地方自治体のあり方への積極的介入　44

第3章　「地方統治構造」改革と「地方創生」……………………………55
　　1　「地方創生」と「道州制」の罠　55
　　2　「地方創生」の政策群と実施過程　62

第4章　「公共サービスの産業化」政策と
　　　　「自治体戦略2040構想」……………………………………………71
　　1　「公共サービスの産業化」政策の登場と展開　71
　　2　「Society 5.0」戦略の一環としての「自治体戦略2040構想」　78
　　3　「デジタルファースト」法と「スマート自治体」づくり　81

第5章 「グローバル国家」型構造改革が日本の地域を
　　　　破壊している……………………………………………………95
　　1 「地方創生」は、なぜ、うまくいかないのか　95
　　2 「圏域行政」の究極の姿＝市町村合併の帰結　101
　　3 コンパクトシティで都市は持続的に発展できるのか　109
　　4 国家戦略特区による特定企業・法人の優遇と
　　　地域経済効果の限定　113

第6章 　自治体・公共サービスを主権者のものに………………125
　　1 憲法と地方自治をめぐる対抗軸の形成　125
　　2 主権者の利益を第一にした国・地方自治体に　131
　　3 自治体による多数者のための新しい地域政策の広がり　138

資料
　　1 安倍政権下における政府及び政権党・財界の主な政策と動向　147
　　2 包括的民間委託についての意見書（自治労連弁護団）　149
　　3 公正で民主的な公務員制度の確立をめざす提言（抜すい）
　　　（日本国家公務員労働組合連合会）　155
　　4 スマートシティモデル事業の概要　158

おわりに　164

第1章　国の意思決定の仕組みが変わった
―「行政の私物化」の背景にあるもの―

1　「グローバル国家」論と構造改革・「行政の私物化」過程

(1)　「行政の私物化」の広がり

　前川喜平前文部科学事務次官が、今治市における岡山理科大学獣医学部設置手続きを、「行政の私物化」と明確に批判したことにより、安倍内閣による「国家戦略特別区域」（以下、「国家戦略特区」と略）が俄然注目を浴びることになりました。本来厳正な審議をなすべき文部科学省の大学設置審議会も、上記獣医学部設置が国家戦略特区案件であることから、設置認可をせざるをえない状況となりました。[1]

　大学設置認可は、これまで文部科学省の所掌する事務でした。これを、内閣総理大臣を長とする「国家戦略特区諮問会議」で、成長政策の下に決定することにしたのです。農地の所有権・利用権の移動についても、これまで農林水産省が所管する農地法によって厳しく規制されていたものを、この国家戦略特区に指定することによって、新潟市や兵庫県養父市では農業委員会から市長へ意思決定権を移し、ローソンやオリックスをはじめとする民間企業による購入や利用に道を開いたのです。

　つまり、首相官邸を中心に、従来の専門官僚機構が積み上げてきた行政手続きや専門知識の積み重ねを、「国家戦略」と名付けることにより一気に破壊し、特定の企業や法人の私的な経済活動のために資する行政手法がひろがり、さらにそれが法律全体の改正等で全国化していく状況が生まれたのです。これを前川前文部科学事務次官は「行政の私物化」と厳しく批判したのです。

1　「前川喜平前文科事務次官手記」『文藝春秋』2017 年 7 月号。

12

　しかし、これは国家戦略特区だけに限定された問題ではありませんでした。国のあらゆる行政分野において引き起こされている問題であるだけでなく、今や地方自治体の行政サービスや公的資産の「私物化」に及んでいることに注意する必要があります。

　そこで、まず、民間企業がグローバル化しつつある現段階において、なぜ、このような「行政の私物化」が全面的に広がりつつあるのかを、歴史的経過を追いながら、見てみたいと思います。それは、経団連などによる行財政改革や地方分権改革、規制緩和要求の形で現れ、時々の政権がそれを政策として具体化する歴史でもありました。[2]

⑵　中曾根内閣下での民間活力の導入と規制緩和政策の開始

　戦後日本における本格的な経済のグローバル化は、1980年代前半に生じた日米貿易・投資摩擦を契機に開始されます。その結果、1985年に円高を容認したプラザ合意、1986年に海外直接投資及び輸入の推進と内需拡大を基調とした経済構造調整政策、すなわち「前川レポート」が対米公約として発表されます。これを機に、日本からの海外直接投資が急増しました。

　他方で、経済構造調整政策が遂行されるなかで、農林水産物、石炭をはじめとする鉱物、さらに中小企業性製品（中小企業の生産額比率が7割を超える製品）、とりわけ繊維品、木工家具等の輸入促進政策、流通規制の緩和が推進されるとともに、「内需拡大」という名目で、民間活力の導入と規制緩和を盛り込んだ公共事業の展開がなされていきます。それらを凝集したものが、中曾根康弘内閣の下で策定作業がなされた「第四次全国総合開発計画」に盛り込まれた日本プロジェクト産業協議会（JAPIC・会長は新日鉄）提案の民間活力導入・規

　2　詳しくは、岡田知弘・川瀬光義・鈴木誠・富樫幸一『国際化時代の地域経済学』第4版、有斐閣、2016年、第2章（岡田担当）、岡田知弘・岩佐和幸編『入門　現代日本の経済政策』法律文化社、2016年、Chap.2（岡田担当）を参照。

制緩和による大規模公共事業（東京大改造、東京湾岸道路、関西新空港など）でした。

中曾根内閣は、同時に、行政改革もすすめ、政府の現業部門であり、労働組合が強かった国鉄と電電公社の分割・民営化を断行します。国鉄所有地の払い下げは、東京をはじめ大都市部における都市再開発の種地をつくるとともに、対米協調の金融の自由化、低金利政策とも合わさってバブル経済を誘発したのです。

⑶　経団連の「グローバル国家」論と橋本行革

しかし、株や土地の投機的取引は 1991 年には破綻し、バブル景気は崩壊します。90 年代初頭は、社会主義体制の崩壊の時期でもあり、地球全体が資本主義体制の下にほぼ包摂されることになります。1993 年には、ガット・ウルグアイ・ラウンドが妥結し、日本ではコメも含むすべての農産物の貿易が自由化されます。さらに、95 年には WTO 体制が発足し、本格的な自由貿易体制と直接投資交流の網のなかへ組み込まれていきます。WTO は、商品貿易の自由化だけでなく、「政府調達」の開放を迫り、国や都道府県、政令市の一定額以上の工事・物品・サービス調達を対外開放することを求め、日本政府もそれを受け入れました。

経団連のトップも、中曾根内閣時代の新日鉄会長からトヨタ自動車会長に代わります（94 年）。多国籍企業の代表がトップに座った経団連は 96 年に「経団連ビジョン 2020」を発表します。そこで提示された国家像が、「グローバル国家」でした。この提言の基本的な考え方は、橋本龍太郎自民党内閣の「橋本行革ビジョン」に盛り込まれます。グローバル化が、財界団体を通して国家体制の再編を本格的に求めていった点に、この時期の大きな特徴がありました。しかも、この政策の基調は、今も続いていると言えます。

同ビジョンは、「多国籍企業に選んでもらえる国づくり、地域づ

くり」を標榜し、非正規雇用の拡大と雇用形態の流動化による総賃金抑制、法人税率の引き下げと消費税率の引き上げ、社会保険等の企業負担軽減・受益者負担増、省庁の大規模再編、独立行政法人化による公務員削減、規制緩和と地方分権を提起しました。これらのほとんどが、1997年12月3日に発表された政府の行政改革会議の「最終報告」に盛り込まれたのです。同報告は、国の役割を「重要な国家機能の遂行」に限定し、その他の業務を「官から民へ」、「国から地方」に移し変えるとしました。具体的には行政サービスの民営化やアウトソーシングをすすめ、国民には負担を迫ったのです。

　消費税増税や各種負担を強いる行政改革を掲げた橋本政権は、1998年参議院選挙で敗北することになります。けれども、「橋本行革ビジョン」に盛り込まれた政策の基本線は、98年から99年にかけて、中央省庁等改革基本法、地方分権一括法、市町村合併特例法、食料・農業・農村基本法、新中小企業基本法等の制定に見られるように着々と具体化されていきました。こうして、内閣への集権と省庁再編、経済財政諮問会議等を通した財界との抱合体制の構築、地方分権化・市町村再編と国家機構のスリム化・規制緩和・民間市場の創出の制度的基盤が作られていったのです。

(4) 小泉構造改革と「官製市場の開放」

　2001年4月に小泉純一郎内閣が発足し、本格的なグローバル化政策を展開していきます。小泉首相は、「自民党をぶっ壊す」、「改革なくして成長なし」のスローガンの下に、「構造改革」を強調し、推進しました。同年は、中央省庁改革の施行と重なり、首相のイニシアチブの下におかれた経済財政諮問会議には、経団連会長や新自由主義的改革論者が結集し、構造改革の司令塔の役割を果たします。経団連会長は、当初はトヨタ自動車の奥田碩で、その後外資系多国籍企業であるキヤノンの御手洗富士夫が引き継いでいきます。自動車

メーカーにしろ、電気機械メーカーにしろ、この時期には海外依存率を高めていった代表格であり、彼らが財界をリードするとともに、経済財政諮問会議に参画し、直接、国の政策決定に参画する政財官抱合体制が確立することになります。

ところで、旧経団連は、2002年に日本経営者団体連盟（日経連）と合併し、新たな日本経済団体連合会となり（ここでは、引き続き「経団連」と略）、2003年に新ビジョン「活力と魅力溢れる日本をめざして」を発表します。同ビジョンは、「グローバル国家」論をさらに徹底し、「メード・イン・ジャパンからメード・バイ・ジャパンへ」というスローガンの下に、海外に展開している多国籍企業を支援する政策体系への転換を求めました。

その一環として、技術革新への支援、内外資本のためのインフラ整備、法人税率の引き下げを強く要求したのです。さらに、「公を担う民の動きをリードする」として、州制の提言とともに、基礎自治体を300に再編することを提起し、道州制と市町村合併の推進を強調します。また、「個人の能力や個性にあった教育、働き方、医療、最期の迎え方が選べる」社会づくりを提唱し、新自由主義的な社会福祉構造改革を求めたのです。

小泉内閣とそれに続く第一次安倍晋三内閣は、財界の「グローバル国家」論に応えた構造改革を追求していきました。それは、第一に、多国籍企業、金融資本の利益を最優先した金融と証券の各種規制緩和、外資誘致、郵政民営化であり、第二に、医療、年金、介護、保育の分野等での「規制改革」と「官製市場の開放」であり、第三に、内外の大企業が活動しやすい制度環境の創出がすすめられました。

すなわち、地方自治体を明確なターゲットに位置付け、市町村合併の推進や地方財政支出の削減を図る「三位一体の改革」、PFIや指

定管理者制度、市場化テストなどの手法による行政の民間化、そして内外多国籍企業の活動拠点が集中する大都市再生への公的資金の集中的投下を進めていきます。そのうえで、最後に「国のかたち」を変更するための憲法「改正」と道州制導入の準備も政治目標に掲げたのです。

(5) 公共サービス・施設の「市場化」「民間化」の本格的推進

2000年代半ばにかけて、「構造改革」の一環として市町村合併、「三位一体の改革」、地方行革が同時に推進されていきました。とりわけ「三位一体の改革」により、結局、2004年度から06年度の3年間に、地方交付税交付金を中心に合計6.8兆円の地方財政支出の削減がなされます。このような地方財政支出の圧縮は、地方公務員の削減と、公共サービスの「市場化」・「民間化」の推進圧力となりました。しかも、総務省自らが地方自治体の行政改革をすすめる「集中改革プラン」の策定指針として、公務員削減と公共サービスの「市場化」・「民間化」を自治体に強制したのです。具体的には、民間企業の参入を促すため、一部業務のアウトソーシングや、指定管理者制度、PFI、市場化テストの導入を図っていったのです。[3]

当時の公共サービスの「市場化」・「民間化」を推進した代表的な人物がオリックス会長であり、政府の規制改革・民間開放推進会議議長を務めた宮内義彦でした。その興味深い講演録が、『日経グローカル』第36号（2005年9月19日）に掲載されています。宮内は、日本では、官が行なう経済活動の比重が、郵政に代表されるように、非常に高く、これを民間に開放していく必要があるとして、「多くの箱モノの運営が官によって独占されており、これを打ち破るために、まず指定管理者制度を作った」としています。けれども、実際には、「個別の民間開放は大変困難」であったので、「全省庁、国のやって

---

3 岡田知弘『増補版　道州制で日本の未来はひらけるか』自治体研究社、2010年、Ⅲ章。

いる事業を横串に見直す方法を考えた。これが市場化テストだ」と
あからさまに述べています。

(6) 小泉構造改革の矛盾の顕在化と自公政権の崩壊

けれども、小泉内閣から第一次安倍内閣に引き継がれた構造改革
は、社会的な格差と貧困を拡大し、国民の強い反発を受けることに
なります。構造改革の一貫として進められた「市場化」・「民間化」
の問題も各地で露呈しました。

地方自治体のアウトソーシングの拡大は、例えば、2006年7月に
起きた埼玉県ふじみ野市の市営プールでの児童の死亡事故を誘発し
ました。孫請け会社による安全管理の不十分性が原因でした。住民
の命を奪うという最悪の事態だけでなく、外注職員による個人情報
の流通事故・事件も相次ぎました。また、PFI事業者が経営破たん
した福岡市の「タラソ福岡」や、宮城沖地震の際に天井が落下し36
名が負傷した仙台市の「スポパーク松森」もPFIによって建設、管
理された施設であったことから、PFIの社会的リスクも問題となり
ました。その後も、近江八幡市立総合医療センターや高知医療セン
ターの病院PFI経営が破綻する事態が相次ぎます。後者は、宮内が
経営するオリックスが手がけたものであり、その民間化手法の社会
的責任が直接問われることになったのです。[4]

さらに、指定管理者制度については、2008年4月時点で全施設の
4分の1に達し、福祉、公園、公民館、公営住宅、スポーツ施設だ
けでなく、美術館、水道などにも広がっていきました。[5]ここでも、
指定業者の撤退、指定取り消し事件が相次ぎました。奈良県野迫川
村村営ホテルでは、人材派遣会社の大新東が指定管理者となりまし
たが、従業員の大幅削減や食材調達コストを削減したため食事の質

---

4 尾林芳匡・入谷貴夫編著『PFI神話の崩壊』自治体研究社、2009年。
5 『日経グローカル』第103号、2008年7月による。

やサービスが低下し、客数が半減し、突然撤退を表明する事態となりました。新潟市ではセコムの子会社が指定管理施設の駐車場売上高を過少申告して市に約7億円も損失を与えたとして指定取り消し処分を受けています[6]。

当時、いわゆる「官製市場」は、50兆円の市場規模であるといわれました。けれども、公共サービスや公共施設を「市場化」・「民間化」の対象にすることは、それらを特定の民間企業の私益追求手段に換え、公共サービスを変質させるものでした。そもそも、公務員が直接担当する公共サービスは、利潤獲得を目標にしてはいません。そこに、営利目的の民間企業が参入し、従前の事業費よりも安いコストで事業を受注し、しかも利潤をあげるとなると、物件費か人件費を削減するしかありません。それは勢い、手抜き工事や手抜き管理を生み出し、再下請けや非正規雇用の「官製ワーキングプア」を活用することにつながることは必然です。あるいは、経営がうまくいかなくなれば、簡単に撤退し、後年度負担を地方自治体と、住民に押し付けることになるのは予測された事態でした。市場化にともなうこの基本法則は、現在の「公共サービスの産業化政策」に至るまで貫徹しているといえます。

いずれにせよ、2000年代半ばに、このような市場化・民間化を含む構造改革の矛盾が表面化し国民の反発が広がる中で、自公政権は崩壊し、民主党政権が誕生します。もっとも、民主党政権は、構造改革の矛盾を是正することはなく、むしろ財界の支持を取り付けるために、市場化・民間化、あるいは道州制についても地域主権改革の名の下で推進しました[7]。新自由主義的な経済政策の一環として、公共事業の大幅削減とともに野田内閣のときにはTPP交渉への参加

---

6 自治労連『指定管理者制度とどうたたかうか』2007年8月、『地域総合整備財団指定管理者事例研究会報告書』2008年3月。

7 詳細は、前掲『増補版　道州制で日本の未来はひらけるか』を参照。

第1章　国の意思決定の仕組みが変わった　*19*

も表明し、有権者の支持を急速に失い、TPP（環太平洋経済連携協定）反対を掲げた安倍晋三総裁率いる自民党に政権の座を奪われることになります。

2　第二次安倍内閣による政財官抱合体制の再構築

(1)　第二次安倍政権下での政財官抱合体制の形成

　ここで注目したいのは、第二次安倍政権下において経団連をはじめとする財界と政界、幹部官僚の癒着、抱合体制が強固に構築されていることです。同政権下での重要な経済財政政策の決定は、経済財政諮問会議をはじめ各種政策決定会議体によってなされており、決して従来のように与党内での議論の積み重ねや、各省庁からの提案によるものではありません。このような経済財政諮問会議を中心とした政策決定の仕組みは、前述したように、小泉純一郎内閣期から開始されたものです。中央省庁改革の一環として、官邸権限の強化が図られ、同会議には財界の代表者が正式な「議員」として入っていました。民主党政権時代には、同会議は、開店休業状態に置かれていたのですが、それを再開したのです。

　第二次安倍政権は、官邸主導政治を即座に復活させ、経済財政諮問会議を再開、さらに第一次安倍政権のときに設置したものの休眠状態にあった規制改革会議も復活、そして産業競争力会議を新設します。それらの主要政策決定機関には、小泉構造改革の参謀役として活躍した竹中平蔵パソナ会長など新自由主義改革を志向する「学識者」、経団連会長に加え、経済同友会の新浪剛史ローソン社長（当時）、新経済連盟の三木谷浩史楽天会長が入り、政官財抱合体制を拡大強化しました。さらに、経団連は、政策評価による政治献金の再開も開始しており、経済財政諮問会議の民間4議員の動向に典型的に示されるように、政府の政策決定だけでなく、政策の進行管理に

おいても重要な役割を果たしています。この民間4議員は、国会議員はもとより、一般の大臣よりも強い権限を有していますが、決して国民の信託を受けて選任されているわけではなく、官邸による指名人事であることが、民主主義の観点からみて極めて問題であるといえます。

　第二に、1999年の官民人事交流法や同法に基づかない一般職の任期付採用制度によって、官僚機構と財界との人事交流が増大したことです。民主党政権下の2011年時点では民間企業から中央省庁への常勤職員の出向は790人でしたが、2018年には1419人へと増えているのです。非常勤職員を含めると1236人から2226人となり、公務員削減の一方で民間企業からの任期を限った形での職員採用をすすめてきていることがわかります。ちなみに、2018年の実績を省庁別にみると内閣官房に228人（うち常勤54人、以下同じ）、内閣府に190人（23人）といった具合に配置されています。うち、内閣府の大臣官房には、JR東日本、イースト・アンド・ウエスト企画、キヤノン、パナソニック、ラック、大和証券、野村證券、日立製作所、日立ソリューションズ、丸紅の各社から派遣されているのです（内閣官房「民間から国への職員の受入れ状況」2018年10月1日現在）。

　他の省庁も含め、派遣元企業には、製造業はもちろん、保険業や証券業を営む外資系企業やコンサルタント、広告会社、マスコミも入っており、各種の政策立案と広報・宣伝において大きな役割を果たしていることがわかります。建前として守秘義務が誓約されたとしても、人脈やビジネスチャンスに関わる情報が特定の私的企業と共有されているシステムの下で政策決定や進行管理がなされていることで、果たして政策の「公共性」なり「公平性」が担保できるかが根本的に問われているといえます。従来の「天下り」に「天上り」が加わり、政財官の間に太いパイプが作られている点に留意すべき

でしょう。

⑵　内閣人事局発足と「行政の私物化」

　さらに問題なのは、安倍政権の下で内閣人事局が設置されたこと
です。国家戦略特区制度による加計学園系獣医学部の今治市設置を
めぐる官僚たちの「忖度」答弁とともに、内閣官房副長官、首相補
佐官等の関与によって「行政が歪められた」と前川前文部科学事務
次官が告発したことにより、官邸を取り巻く一部の政治家と官僚に
よる「行政の私物化」が、誰の目にも明らかになったのです。

　官邸トップへの「忖度」は、「官僚の性」という一般論で説明でき
るものではありません。第二次安倍政権発足後の2014年に設置され
た内閣人事局制度によるところが大であるといわなければなりませ
ん。それまで、各省庁の幹部人事は、当該の省庁と人事院において
なされていました。ところが、官邸主導政治を進めるためには、こ
れが障害であるという認識から、安倍政権は各省庁の審議官級以上
の約600人の幹部人事を一元的に管理する人事局を置いたのです。

　橋本龍太郎内閣時の行政改革会議以来、自民党は内閣機能を強め
るために、内閣府の強化と、各省庁の支配を企図してきました。そ
れが、小泉純一郎内閣期の経済財政諮問会議の設置等によって一部
実現したわけですが、前川前事務次官の前述の手記によれば、小泉
内閣期には文部科学省としての反論も許される状態であったといい
ます。ところが、第二次安倍政権においては、有無をいわずトップ
ダウンで、これまでの法理、ルールも無視した政治的圧力が加わり、
「物言えば唇寒し」という状況に変化したのです。

　内閣府は、今や1000人を超える職員を抱えます。彼ら彼女らの多
くは、各省庁や民間企業からの派遣職員です。そして、各省庁にお
いても昇進、昇任したければ、官邸の意を汲む行動をとる必要があ
り、それに反する行動をとれば左遷や降格が待ち受けているという

わけです。このようなアメとムチにより、「行政の私物化」の手段として国家公務員を利用することは、「すべて公務員は、全体の奉仕者であって、一部の奉仕者ではない」とする憲法15条の違反であるといえます。

　それだけではありません。官邸支配は、小選挙区制度の活用で与党候補が圧倒的多数を占める立法府だけでなく、一般の行政府、そして司法領域まで広がっています。そして、この間、人事支配を警察、検察、司法分野に広げることの危険性も明らかとなってきています。首相と親しい元記者による準強姦罪事件が官邸の力によって揉み消されたことが被害者の告発によって発覚しましたが、共謀罪は恣意的捜査、逮捕を許容する一方で、権力者とその取り巻きの犯罪については不問に付し、国民の基本的人権だけでなく法治国家の土台そのものを否定することになる恐れが強いといえます。

　国公労連（日本国家公務員労働組合連合会）の「公正で民主的な公務員制度の確立をめざす提言」（2018年9月、155ページの資料3）にあるように、内閣人事局を廃止するとともに、人事院を改組して、国民のための公正・中立、安定した行政を担保するための新たな人事行政機関の設置が求められています。

3　グローバル国家型「成長戦略」で日本経済は衰退局面へ

(1)　「アベノミクス」による成長戦略

　以上のような政官財抱合体制の下で、「アベノミクス」及びその「三本の矢」のひとつとしての成長戦略＝日本再興戦略がつくられていきました。

　周知のように、「アベノミクス」は、当初、大幅な金融緩和を「第一の矢」とし、日銀引き受けの国債発行を前提にした財政動員を「第二の矢」と位置付けました。しかし、それらは当座の「デフレ脱

却」の手段であり、経済成長を図るためには「第三の矢」と位置付けられた「成長戦略」が必要不可欠とされました。その成長戦略が「日本再興戦略」であり、実現手段の一つとして「国家戦略特区」という制度が新設されたのです。

　もともと「国家戦略特区」制度は、2013年4月17日の産業競争力会議の席上、安倍政権によって再び登用された竹中平蔵が、「アベノミクス」をもちあげたうえで、「アベノミクス特区」を設けて、その「延長上で、最終的には、道州制のもと、地域が独自性を発揮して成長していくモデルを実現」すべきだと主張したことから始まります。竹中発言では、特区による規制緩和が最終的には道州制とも結合している点に留意しなければなりません。国家戦略特区と規制緩和、そして道州制は三位一体の関係にあることがわかります。この提案をきっかけに、同年6月には国家戦略特区を盛り込んだ「日本再興戦略」が閣議決定されます。さらに、2013年12月には、この提言に基づき「国家戦略特別区域法」が国会で成立して、正式な制度運用が開始されます。その後、規制改革会議及び産業競争力会議で、成長戦略を具体化するための議論がなされ、2014年6月の「骨太の方針2014」に集約されていきます。この間、国家戦略特区の第一次指定が2014年5月になされるのですが、同年4月からの消費税率引き上げによって、地方を中心に地域経済が沈滞し、「ローカル・アベノミクス」を求める声が地方からあがってきます。

　この時期の第二次安倍政権の成長戦略の全体像を知るために、規制改革会議と産業競争力会議の提言のポイントを確認しておきます。前者は、「岩盤規制」に「ドリル」で「風穴をあける」を強調し、雇用（労働時間規制の緩和）、農業（農協・農業委員会制度改革、農地取引の企業開放）、医療（混合診療）を主要ターゲットにあげました。また、産業競争力会議の方では、「日本再興戦略」を改訂し、企業の「稼ぐ

力」（＝収益力を）重視し、雇用（女性、外国人労働力の活用）、福祉（公的年金資産での株式運用増）、医療（医療法人の持ち株会社制度）、農業（農林水産物輸出推進）、エネルギー（原発早期再稼働、発送電分離、再生可能エネ買い取り価格制度改定）を特に重視しました。

　これらの政策を通して、雇用、農業、福祉、医療分野に切り込み、大企業の収益増をサポートする「世界に誇れる事業環境」の創出を図ろうとしたのです。安倍首相は、2014年6月16日、産業競争力会議の席上、「この1年間の努力の結果、これまで挑戦することすらタブー視されていた壁、何度も挑戦したが乗り越えられなかった壁を突き抜けるような政策を盛り込むことができた」と自画自賛します。

　ここで注目すべきことは、安倍首相が「戦後以来の大改革」と強調した枢要点が、「戦後改革」によって実現した非軍事化、民主化政策の成果である独占規制の強化（財閥解体）、労働権の強化（労働改革）、地主制の解体と公募制に基づく農業委員会による農地取引の規制と農協の創出（農地改革）を、多国籍企業の蓄積欲求に基づいて解体・再編し、解雇自由、農業、医療、福祉への営利企業の参入規制の解除、農協、農業委員会制度の政治的改変を積極的に行ったという点です。それは、同時に、当時、TPP（環太平洋経済連携協定）反対運動をリードしていた農協や農業委員会の系統組織や日本医師会に対する組織解体、分断の政治的攻撃としての意味ももっていました。

(2)　国内外多国籍企業による政策要求

　ちょうどこのタイミングで、安倍首相と度々衝突していた日本経団連の米倉弘昌会長（住友化学出身）が退任し、榊原定征（東レ相談役）が新会長に就任します。東レは、海外生産比率66％、ボーイング社など軍需メーカーに炭素繊維を納入する多国籍企業です。新会長は、就任挨拶において「経済社会のイノベーションを進め、日本を再興

する」と題して、安倍政権への全面的支持を表明します。現状認識において、「日本を世界で一番、企業が活動しやすい国にする」改革は大歓迎として「『日本再興』の絶好のチャンス」だと賞賛したのです。さらに、「イノベーション」については、技術革新に加えて、「政治・経済・社会など国民生活全般にわたって」旧慣、制度を変革すべきだとし、具体的に、社会保障制度、農業、女性の活用を指摘しました。併せて、「グローバルな成長を取り込む」として、TPP推進、法人実効税率引き下げ、原発早期再稼働を強調したのです。安倍政権は、「骨太の方針2014」において、経団連からの要求に基づいて、法人実効税率を数年で20%台まで引き下げることを盛り込み、その親密ぶりをアピールしていきます。

　経団連は、すでに同年4月15日に発表した提言「わが国企業の競争力強化に向けて」の中で、「日本の付加価値創出力の強化」策として「国際的なイコール・フッティング」の実現をあげていました。これは、国際的な競争条件に合わせるという意味であり、医療・介護、農業、バイオ等の成長が見込まれる分野での規制改革、国家戦略特区等の活用、法人実効税率の引き下げ、インフラ強化などを求めたのです。インフラの中には、安倍首相が外国訪問の度に、売り込みを行った原発、新幹線、下水道等が入っていました。もっとも福島第一原発事故を起こした日本の原発を購入する国もなく、新幹線についても苦戦している状況です。

　(3)　「アベノミクス」の帰結＝日本経済の縮小、格差と貧困の拡大
　では、「アベノミクス」は、どのような帰結をもたらしているのでしょうか。先日、かかりつけのお医者さんに、診察室で「アベノミクスで株価や有効求人倍率が上がり、景気がよくなっているといわれていますが、本当ですか」と聞かれました。「どういうことですか」と聞くと、「この間、患者さんの生活がよくないようですし、

表 1-1　主要国のドルベース名目 GDP の推移

国名	2009 年	2010 年	2011 年	2012 年	2013 年	2014 年
日　本	5,035,142	5,498,719	5,908,988	5,957,250	4,919,588	4,602,419
イギリス	2,314,508	2,403,581	2,594,735	2,630,473	2,712,296	2,988,893
ド イ ツ	3,417,799	3,417,095	3,757,698	3,539,615	3,745,317	3,868,291
フランス	2,693,665	2,646,837	2,862,680	2,681,416	2,810,249	2,829,192
アメリカ	14,418,740	14,964,380	15,517,930	16,155,255	16,663,160	17,348,072

私の知り合いの大学卒業後に国家資格をとった医療従事者の年収を
聞くと 200 万円台ということで結婚もできないと言っていましたの
で」ということでした。

　このような実感は、多かれ少なかれ、医療関係者だけでなく多く
の国民が感じているところです。「アベノミクス」と称する経済政策
のほころびが随所に出てきているといえます。お医者さんと同じよ
うに、その「診断書」と「処方箋」を書いてみたいと思います。

　「アベノミクス」が開始される直前の 2011 年度の資本金 10 億円以
上の大企業（金融・保険業を除く）の内部留保は、267 兆円でした。こ
れが、2018 年度には 347 兆円へと一貫して増えています。その少
なくない部分が、安倍政権下の大企業向け減税、補助金の積み増し
によるものです。これに対して、大企業の総付加価値のうち労働者

表 1-2　アベノミクス下の日本経済の主要指標

	安倍内閣発足時	直近	指数	出　所
マネタリーベース（兆円）	116	472	406	日本銀行 hp
国債残高（兆円）	812	950	117	財務省 hp
企業物価指数（2010 年基準）	99.9	99.4	99	日本銀行 hp
実質為替実効円レート（対 1 ドル）	96.82	74.09	77	日本銀行 hp
東証一部株価指数（TOPIX）	848	1804	213	日本取引所グループ hp
金融・保険除く法人の純利益（兆円）	24	50	209	法人企業統計調査
金融・保険除く大企業の内部留保（兆円）	272	320	118	法人企業統計調査
金融・保険除く法人の人件費（兆円）	197	202	103	法人企業統計調査

注）マネタリーベース＝「日本銀行券発行高」＋「貨幣流通高」＋「日銀当座預金」
　　大企業の内部留保＝資本金 10 億円以上企業の資本剰余金＋利益剰余金＋引当金（流動負債＋固定負

第1章 国の意思決定の仕組みが変わった　27

単位：mil.US$

2015 年	2009～12 年 増　減　率	2012～15 年 増　減　率
4,383,076	18.3%	− 26.4%
2,858,003	13.7%	8.6%
3,363,600	3.6%	− 5.0%
2,418,946	− 0.5%	− 9.8%
18,036,648	12.0%	11.6%

出所：国連統計

に分配される賃金・報酬の比率は、2011 年度の 60.6% から 18 年度には 50.8% に低下しています（全労連・労働総研『2019 年　国民春闘白書』学習の友社、2018 年）。

　ところが、表1−1で安倍政権下におけるドル換算での名目 GDP の増減率を、他の先進国と比較すると、実にマイナス 26% 台となっています。他の欧米諸国と比べその減少率の大きさが目立ちます。それは、民主党政権期を大きく下回っており、大企業の「稼ぐ力」は大きく伸びたにもかかわらず、国民経済としては大きく縮小してしまったことがわかります。

　実際、安倍政権発足後の各種データを表1−2で見ると、2012 年末から 17 年末にかけて、「アベノミクス」の「第一の矢」で通貨供給量は 4.06 倍に、また「第二の矢」によって国債残高は 17% 増えたものの、「脱デフレ」の指標である企業物価指数はむしろ微減してしまっています。逆に、増加したのは、株価指数の 2.13 倍、法人企業純利益の 2.09 倍、そして法人内部留保の 18% 増であり、大企業法人雇用者が大半を占めると考えられる人件費もほとんど増えてい

比較時点
2012 年 11 月末～17 年 11 月末
2012 年 12 月末～17 年 9 月末
2012 年 11 月末～17 年 10 月末
2012 年 11 月末～17 年 10 月末
2012 年 12 月 26 日～2017 年 12 月 8 日
2012 年度～2016 年度
2012 年度～2016 年度
2012 年度～2016 年度

債）の合計

ません。つまり、大企業の法人所得と株式保有資産家の財産所得のみが「稼いだ」わけです。

　少数の多国籍企業と資産家の富の増加を第一に優先すべきという政策は、前述の 1996 年の経団連の提言「経団連ビジョン 2020」にある「グローバル国家」論によって初めて提唱されたものです。その後、2000 年

表1-3　各国雇用者報酬の推移（1995～2015年）

	1995年	2010年	2011年	2012年	2013年	2014年	2015年	単　位
日　本	268,399	243,606	245,201	245,946	247,978	258,547	261,948	(10億円)
	100	90.8%	91.4%	91.6%	92.4%	96.3%	97.6%	
ド イ ツ	992	1,282	1,337	1,388	1426	1,483	1,537	(10億ユーロ)
	100	129.3%	134.8%	139.9%	143.8%	149.5%	155.0%	
フランス	619	1,040	1,069	1,091	1104	1,122	1,137	(10億ユーロ)
	100	168.0%	172.6%	176.2%	178.3%	181.2%	183.6%	
アメリカ	4,197	7,969	8,277	8,615	8854	9,264	9,704	(10億USドル)
	100	189.9%	197.2%	205.2%	210.9%	220.7%	231.2%	
イギリス	386	817	828	849	878	899	930	(10億ポンド)
	100	211.6%	214.5%	219.9%	227.4%	232.9%	240.9%	

出所：労働政策研究・研修機構『国際労働比較』各年版から作成

代初頭の小泉構造改革によって、政財界あげて、国際競争に打ち勝つためにとして、低賃金、低コスト政策が追求されていきました。労働者だけでなく、グローバル企業と取引している下請企業、協力企業に対しては原材料費の圧縮が求められ、農産物価格も押し下げられ農家所得の減少も進行しました。さらに、地方においては、財政の「効率化」を図るために、市町村合併政策と「三位一体の改革」による地方交付税交付金の削減政策が遂行されて、地方自治体による地元企業への発注や地元雇用も減少し、地域経済の衰退が加速することになりました。

　表1-3は、1990年代半ば以降の各国雇用者報酬総額の推移を、各国通貨ベースで比較したものです。2015年時点で日本だけが100を割り込んでいることがわかります。アメリカやイギリスでは、日本よりも失業率が高いにもかかわらず、2倍近くに増えているのです。国民所得のなかで、最大の比重を占めるのは、どの国においても賃金部分＝雇用者報酬であり、日本では約7割を占めています。日本はなぜこのような状況になっているかといえば、大企業と政府が、「グローバル競争に打ち勝つため」と言って、雇用者や下請け企業に対

する配分を少なくして株主への配当と自らの内部留保だけを増やして
いく経営行動をとったからです。ドイツやフランス、アメリカで
は、むしろ賃金として再分配し、国内市場を肥やしています。この
違いが明確に出てきているわけです。

　日本のグローバル企業集団は、目先の利益を拡大するために、企
業経営としては賃金や原材料コストを引き下げ、さらに政府に迫っ
て大企業や資産家の税金・社会保険料負担を減らすことに執念を燃
やしてきました。しかし、その結果、個別の大企業や資産家は大い
に「稼ぐ」ことができましたが、一国経済やその大半を担っている
雇用者や中小企業・農業経営者の得る所得が減っていき、一国経済
の衰退が進んだわけです。

　資本主義社会における資本蓄積（再生産）は、労働者が賃金を受け
取った後、それを財源に、生活手段を購入すること（これを、消費支
出という）によって、はじめて成り立ちます。労働者の個人的消費支
出によって消費財産業（衣食住、交通、教育、娯楽、医療福祉等の個人サー
ビス業）の市場が創出され、その蓄積が可能となります。この取引を
通して、毎年、一国経済が再生産され、社会が維持されることにな
ります。その再生産の投資額が前年を上回れば拡大再生産（プラスの
成長）、下回れば縮小再生産（マイナス成長）となります。労働者が受
け取る賃金や自営業者、中小企業経営者の所得と、それに基づく消
費支出が減少すれば、当然、縮小再生産となります。日本政府と財
界は、少数の多国籍企業と資産家の利益を確保するために、国民経
済的にみると実に馬鹿げた「自爆」政策を展開してきたといえます。

　(4)　そもそも、だれが一国の経済的富をつくりだしているのか

　「日本は資源が少なく、少子高齢化がすすんでいるので、輸出で稼
ぐしかない」という議論が、とくに安倍政権誕生後の「アベノミク
ス」の下で策定された成長戦略である日本再興戦略をすすめる人た

ちによってなされています。「稼げる地域」「稼げる農業」という言葉を、無批判に使っている地方自治体の政策や首長の発言も目立ちます。それを見ても、鸚鵡返しに使われているキイワードは、日本を「世界で一番企業が活動しやすい国」にすることであり、規制緩和と TPP（環太平洋経済連携協定）等の通商交渉、円安誘導策による輸出促進策やインバウンド観光推進策で外貨を「稼ぐ」というフレーズです。

　けれども、輸出それ自体では経済的価値は増えません。このことは、アダム・スミスが 240 年前に、『国富論』において指摘した点です。当時のイギリスは、経済的価値（富）は、輸出による貿易差額で生み出されるとした重商主義に基づいた政策を展開していました。スミスは、この考え方を批判したのです。なぜなら、世界経済を計算単位にすると、輸出額と輸入額は同額です。「売り」の反面が「買い」であり、この取引自体から富は生まれようがありません。輸出で利益を得る国があるとすれば、輸入で損をする国がありますが、ずっと輸入し続けるための富はどのように作るのでしょうか。この議論では、輸出でしか富はつくれないわけですので、論理的に破たんしてしまいます。

　スミスは、経済的価値の源泉は、自然と労働の結合であるとし、労働の投下によって新たな価値が生み出されるとし、労働価値説を打ち立てたのです。その価値を富として実現するのが、社会的分業による商品交換であり、スミスは、とくに一国内の農業と商工業、農村と都市との社会的分業の重要性を強調しました。社会的分業と交換の圧倒的部分は国内市場でなされるうえ、とくに農産物を海外に依存することはローマ帝国の崩壊に示されるように、一国の経済基盤を脆弱なものにするからです。

　このスミスの労働価値説を継承、発展させたのが、マルクスです。

マルクスは、『資本論』のなかで、商品の価値総額は、不変資本（C＝原材料費、燃料費、機械等の生産手段の減耗分）＋可変資本（V＝賃金部分）＋剰余価値（M＝利潤部分）から構成されるとしました。このうち、VとMを合計したものが、現代でいう付加価値です。そして一国における付加価値の総額が、国内総生産（GDP）に相当します。また、国内総生産から固定資産減耗分を除いたものが国内純生産、そこから間接税を引き補助金を足したものが国内所得です。これに海外からの所得を加えたものが国民所得となります。

　ちなみに、国民所得や県民所得は、雇用者報酬＋企業所得＋財産所得の総計です。個人経営や農家の所得は、大企業の法人と同じく「企業所得」に分類されています。労働者を雇用しない自営業の場合、生計費も企業所得によって生み出しているわけです。いずれにせよ、最も重要なことは、経済的価値、富を生み出しているのは、労働者、自営業者といった勤労者にほかならないのです。

　今や、公文書の改竄が、政府統計まで及んでおり、正しく症状を検討することもできなくなっているわけですが、そのような操作をしても統計数値は低迷したままです。前述した有効求人倍率も、非正規雇用の求人数が増加している結果であり、安定した生活を保障する給与が得られる正規雇用の増加を意味するものではありません。むしろ、安倍政権は、安い外国人労働力の大量輸入を目ざした入国管理法の改正を強行し、財界の要望に応えようとしています。

　派遣労働者をはじめとする非正規雇用の拡大によって生じた若者の低賃金は、非婚化傾向を高め「少子化」に結び付きました。ワーキングプア問題を解決することなく、その場しのぎで、より安価な労働力を活用しようと外国人労働者を技能実習生等で大量に受け入れると、賃金水準も労働条件も悪化し、日本人の「少子化」傾向はさらに進行することになります。

日本のグローバル企業集団は、目先の利益を拡大するために、企業経営としては賃金や原材料コストを引き下げ、さらに政府に迫って大企業や資産家の税金・社会保険料負担を減らすことに執念を燃やしてきました。国民経済の大半を占めるのは雇用者報酬です。これを圧縮して自社の利益を拡大すれば、日本経済全体が縮小するというジレンマです。その結果、個別の大企業や資産家は大いに「稼ぐ」ことができましたが、一国経済やその大半を担っている雇用者や中小企業・農業経営者の得る所得が圧縮され、一国経済の衰退が進んだわけです。ここにきて、さらに消費税率を引上げ、生活保護費をはじめ各種社会保障給付額を削減することは、さらに多くの国民を苦しめ、消費購買力を削ぐことに行きつくのは必定です。

4 地域経済の持続可能性を破壊するもの

(1) 地域の持続的発展と地域内再投資力

私たちは、日々のテレビや新聞の報道によって、一国経済や世界経済をつくっているのは大企業であると思い込んでいます。けれども、そもそも一国経済を作り上げているのは、大企業や中小企業で働く労働者や中小企業経営者、農家であり、それぞれが生きるために、生活領域としての地域で営々と生産と生活を繰り返しています。それらの営みは地味なものであり、マスコミで報道されることはほとんどありません。客観的には、そのような比較的狭い領域での地域経済の積み重ねによって、日本経済という一国経済が形成され、さらに世界経済ができているのです。

一般に、ある地域の経済や社会が持続的に存続し発展するということは、そこで繰り返し、ある一定量の再投資が行われ、地域内での雇用や所得、そして生活が再生産されていることを意味します。これを地域内再投資と呼びます。再投資主体には、企業や協同組合、

NPOなどの民間事業所に加えて、農家や地方自治体も含まれます。この経済主体の地域内再投資力が質量ともに維持・拡大すれば、その地域社会の持続的発展が可能になるだけでなく、農林漁業が存在する地域では国土の保全効果も維持・向上することになります。けれども、逆に地域内再投資力が弱まれば、地域社会だけでなく、それがよって立つ基盤である国土の荒廃が進む危険が高まるといえます。近年の経済のグローバル化やそれに対応した市町村の合併と「三位一体の改革」に象徴される地方財政の圧縮は、この地域内再投資力の弱体化をもたらしています。

　例えば、実体経済の担い手であり、地域内再投資力の一大主体でもある民営事業所数と同従業者数の動向を見ると、1996年以降同時に減少する傾向が続いています。事業所開業率を上回る規模での廃業が相次いでいるからです。総務省の「事業所・企業統計調査」によると、1996年の652万事業所から2006年の587万事業所へと全体で65万事業所が減少、従業者数も5758万人から5678万人へと80万人の減少をみました。大きく従業者を減らした産業は製造業、卸売・小売業、建設業であり、逆に最も増えているのは医療・福祉業でした。その後、同種の調査は「経済センサス」に継承されますが、調査方法が異なるためデータの連続性はありません。参考までに、2014年経済センサスを見ると、事業所数は578万事業所、従業者数は5743万人となっています。

　農村における投資主体である農家も、大きく減少しました。「農林業センサス」によれば、販売農家は1985年に332万戸存在していましたが、95年には265万戸、そして2010年には163万戸まで減少し、ほぼ半減しました。同センサスでは、政府の農業法人育成政策に基づいて、2005年調査から、農家と法人組織等を合わせた「農業経営体」を新たに調査するようになりますが、この農業経営体数も、

2005 年の 201 万体から、15 年には 138 万体へと大きく減少していま
す。

　2001 年と 14 年の都道府県別の県内総生産及び県民所得と雇用者
報酬の増減状況を比較すると、全国計としてはマイナスとなってお
り、とくに雇用者報酬の減少幅がマイナス 8.3% と最も大きくなっ
ていることがわかります（内閣府「県民経済計算」）。14 年の県民所得に
占める雇用者報酬の比率は 64.4% であり、その減少が地域経済にお
ける消費購買力を縮小させ、総生産の増加の足を引っ張っているの
です。また、雇用者報酬以外の企業所得、財産所得の減少率は、そ
れほど大きくないことも示しています。

　都道府県別にみると、この間、北関東の茨城県から千葉県に至る
地域、愛知県と三重県、滋賀県と京都府、中四国地域の広島・山口・
徳島県、九州の福岡、宮崎県及び沖縄県で総生産は増えていますが、
雇用者報酬が増えているのは愛知県と沖縄県だけです。しかも、雇
用者に占める派遣労働者やパート・アルバイト労働者が占める非正
規雇用比率は、小泉構造改革以来増加し、愛知県で 37.3%、沖縄県
では全国最高の 44.5% に達しています。非正規雇用は低賃金労働と
密接不可分な関係にあり、同一県に居住する県民雇用者（非正規を含
む）一人当たり雇用者報酬額は、いずれの県も 2001 年から 14 年に
かけて大きく減少しているのです。このように、日本経済の基礎を
なす都道府県の地域内再投資力は、雇用者報酬の縮小によって、こ
の間減少・弱体化しているといえます。

(2)　東京都心部への経済的富の集中

　一方、視点を変えて、各都道府県や市町村の地域内における地域
内再投資の主体を、どこに本社がある企業の事業所で、どれだけの
人が働いているかを示してみると、表 1-4 のようになります。こ
れは、京都市内における本社所在地別事業所従業者数の構成を示し

ています。京都市の場合は、約 8
割の従業者は、京都に本社・本所
を置く地元企業で働き、残り 2 割
が府外企業で働いています。その
うち 1 割が東京に本社を置く企業
で働いています。熊本県で見ても、
同様の構成比でした。

　問題は、東京に本社を置く大企
業の工場、支店、支所で生み出さ

表 1 - 4　京都市の本所所在地別
従業者数（2012 年）

本所所在地		従業者数	構成比
東京都区部		67,473	9.3%
大　阪　市		32,863	4.5%
名 古 屋 市		2,985	0.4%
そ　の　他		40,293	5.5%
京　都　市	本所	147,255	20.3%
	支所	86,826	11.9%
京都市単独事業所		349,140	48.0%
京都市内従業者計		726,835	100.0%

出所：総務省統計局「経済センサス」

れた経済的果実が、どの程度、本社に移転されるかというところに
あります。図 1 - 1 は、2015 年の第一次産業、第二次産業、第三次産
業の生産額の都道府県別シェアと、民間法人企業所得の同様のシェ
アを比較したものです。東京都が、それぞれの産業部門の生産額を
はるかに上回る、5 割以上の法人企業所得を占有していることがわ
かります。

　これを、東京都側のデータから示したものが、図 1 - 2 です。東京
都の 2011 年の産業連関表では、本社機能がひとつの産業部門として
位置付けられ、「本社サービス」を行うことによって、他地域で労働
者が生み出した付加価値を 21 兆円も移転していることがわかります。
5 兆円余りを逆に支払っていますが、それを差し引いても部門別ト
ップの 15 兆円余りを「稼いで」いることがわかります。工場や支店、
支所で低賃金労働者や非正規労働者を多用したり、原材料費を引き
下げるだけでなく、そこで支払うべき税金や社会保険料も節約して、
本社に所得を集中している構造です。本来であれば、このような形
で東京都に集中する所得を吸収し、地方に再分配する地方交付税交
付金制度によって財源の再分配をすべきなのですが、これも小泉内
閣の下ので「三位一体改革」によって地方再分配額を大きく減少し

図 1-1 都道府県別にみた地域経済の不均等発展（2015 年）

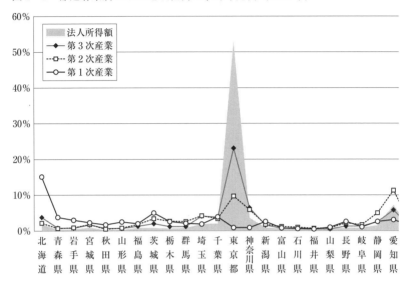

図 1-2 東京都の移出・移入構造

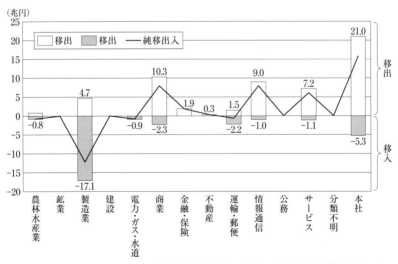

出所：東京都「平成 23 年（2011 年）東京都産業連関表」による

三重県　滋賀県　京都府　大阪府　兵庫県　奈良県　和歌山県　鳥取県　島根県　岡山県　広島県　山口県　徳島県　香川県　愛媛県　高知県　福岡県　佐賀県　長崎県　熊本県　大分県　宮崎県　鹿児島県　沖縄県

出所：内閣府「県民経済計算年報」2015年版、国税庁「法人税統計」2015年版

てきています。このことが、とりわけ地方における地域経済の持続可能性を失わせてきているといえます。

　もっとも、全国から富が集中する東京都内でもずいぶん格差があります。年平均の課税所得指数を23区別にとると、全国平均を100として、港区が大体300くらいです。これに対して、足立区とか台東区はほぼ100となっており、3倍の格差があります。生活保護世帯比率も、高いところでは70パーミル（‰）を超えています。東京都内というのは、その内部に貧困と格差を含みこんだ、複雑な都市構造をもっているといえます。ただし、他の政令都市とは異なり、それぞれの区ごとに、不十分ながらも区財源をもち、区の産業政策が作れるわけです。これをどう生かして、このような格差を縮めていくのか、誰もが生活できるようなまちをつくっていくのかということが、問われているといえます。

第2章　日本経団連の「Society 5.0」成長戦略と「自治体戦略 2040 構想」

1　合言葉は「Society 5.0」と「SDGs」

(1)　未来投資会議の設置と「Society 5.0」

　2016 年夏の参議院選挙後、内閣再改造を行った安倍政権は、新たな成長戦略を追求する司令塔として、日本経済再生本部の下に未来投資会議を設置しました。その設置目的は、「将来の成長に資する分野における大胆な投資を官民連携して進め、『未来への投資』の拡大に向けた成長戦略と構造改革の加速化を図る」こととされました。未来投資会議は従来の産業競争力会議と「未来投資に向けた官民対話」を発展的に統合した会議体です。安倍首相が議長であり、主要閣僚と中西宏明日本経団連会長、竹中平蔵パソナ会長らの「民間代表」によって構成されています。

　同会議の最初の報告書が「未来投資 2017」です。そこで登場した言葉が、「Society 5.0」でした。これは、学術用語ではありません。未来投資会議のホームページには、「Society 5.0 とは、『狩猟社会』『農耕社会』『工業社会』『情報社会』に続く、人類史上 5 番目の新しい社会のこと」とされ、「IoT、ロボット、人工知能（AI）、ビッグデータといった先端技術をあらゆる産業や社会生活に取り入れ、経済発展と社会的課題の解決を両立していく新たな社会である」とされています。

　政府の広報に具体例として示されているのは、ドローンによる宅配、AI 家電、遠隔診療、介護用ロボット、無人トラクター、清掃ロボット、会計クラウド、自動走行バスなどです。

　これらの社会的普及＝市場拡大を図るためには、個別分野ごとの

規制改革や成長支援策が必要となります。そこで17年9月に設置されたのが、未来投資会議構造改革徹底推進会合です。

座長は、経済再生担当大臣が務め、政府指名の民間議員が構成員となっています。同会議には、第4次産業革命（会長・竹中平蔵）、企業関連制度・産業構造改革・イノベーション（会長・小林喜光三菱ケミカルホールディングス会長）、健康・医療・介護（会長・翁百合日本総合研究所理事長）、地域経済・インフラ（会長・三村明夫日本製鉄社友名誉会長）という4つの会合が設置され、会長には財界代表が配置されています。さらに、PPP・PFI、大学改革、雇用・人材育成、農林水産業、中小企業・観光、インフラの分科会を設け、公共サービスや規制に関わる構造改革の重点的な推進策が検討されています。

たとえば、農林水産業分科会では、卸売市場改革、森林管理の開放、スマート農業について議論がなされ、それぞれ法制化や施策化が、農林水産省内での調査や議論の積み上げではなく、官邸の権力によってトップダウンによってなされるようになっています。

併せて注目すべきは、民間企業だけでなく行政が保有するビッグデータの利活用をめぐる問題が「第4次産業革命」会合で重点的に議論されている点です。とりわけ個人の行動を大量に入手できるセンシングデータの利活用については、データ提供者側の市場拡大、利用者側での事業成長の手段として、その共通基盤づくりが情報関連産業から強く求められてきているのです。

それを推進するために、2017年11月には一般財団法人・データ流通推進会議が設立されます。同協議会のホームページには、政府のワーキンググループでの検討を通して設立されたと明記されており、内部理事は業界代表の大日本印刷、富士通、日立製作所、オムロン、さくらインターネット、日本電気等からなっています。[8]

---

8 一般財団法人・データ流通推進会議ホームページ https://data-trading.org/about による（2019年

(2) 第5期科学技術基本計画と経団連による「Society 5.0」推進論

ところで、「Society 5.0」という言葉が、政府文書のなかで初めて登場するのは、2016年1月に策定された「第5期科学技術基本計画（2016年度〜2021年度）」からです。科学技術基本計画は、それまで文部科学省が所管する総合科学技術会議で策定されていました。安倍政権は、2014年に、内閣府設置法を改正して、官邸の下に置かれた総合科学技術・イノベーション会議（CSTI）に策定権限を移します。経団連は、この新計画策定にあたり、科学技術の成果をイノベーションに結びつける観点から、計画に盛り込むべき項目や政策等について、提言を繰り返しました。

例えば、2015年3月に発表された「第5期科学技術基本計画の策定に向けた第2次提言」[9]では、「未来創造に向けた重要視点」として、①ICTによる"新しい産業革命"への挑戦：Internet of Things（IoT）、②システム重視の国際標準化への対応、③オープンイノベーションの本格的推進の3点をあげています。当時、世界的にネットワーク化やIoTの利活用が進む中、ドイツの「インダストリー4.0」、米国の「先進製造パートナーシップ」、中国の「中国製造2025」等、ものづくり分野でICTを最大限に活用し、第4次産業革命とも言うべき変化を先導していく取組が、官民協力の下で打ち出され始めており、これらと競争するためには、国家による強いバックアップ（技術開発投資や規制緩和等）が必要だという視点です。

そこで、重点課題として据えられたのが、①国としての省庁横断・革新的課題への挑戦、②資源・環境・エネルギー等の制約の克服、③超高齢社会への対応、④安全・安心、国家の存立、⑤共通基

1月2日アクセス）。

9　経団連ホームページ https://www.keidanren.or.jp/policy/2015/026.html による（2019年7月7日アクセス）。

盤技術の強化でした。

　そして、国家として、以下の分野でのシステムの改革や強化が必要であるとしています。①総合科学技術・イノベーション会議の司令塔機能の更なる強化、②国立大学改革、③研究開発法人改革、④資金制度改革、⑤地方創生に資する新しいクラスターの形成、⑥人材の育成ならびに国民の理解と支持、⑦科学技術予算の着実な確保。

　つまり、国立大学改革や「地方創生」を謳うことにより、国及び地方行政のあらゆる分野で、経済成長のためのイノベーションの促進、とりわけ ICT 技術への支援を求めたのです。

　さらに、2015 年 6 月 18 日に発表された同計画「中間取りまとめ」について、経団連は「第 5 期科学技術基本計画の策定に向けた緊急提言」（同年 10 月 20 日付）を発表します[10]。そこでは、「中間とりまとめ」に「示された考え方は、概ね経団連の提言に沿った内容であり、評価している」としたうえで、計画策定までに「経団連として重視する点」を提言しました。

　そこで、最も強調している点の一つが、「超スマート社会」の実現でした。同提言では、「超スマート社会」を、「必要なもの・サービスを、必要な人に、必要な時に、必要なだけ提供し、社会の様々なニーズにきめ細やかに対応でき、あらゆる人が質の高いサービスを受けられ、年齢、性別、地域、言語といった様々な制約を乗り越え、活き活きと快適に暮らすことのできる社会」であると規定していました。

　それらの提言も取り入れた形で、翌年 1 月に「第 5 期科学技術基本計画」が決定されます[11]。そして同計画の「第 2 章　未来の産業創造

10　経団連ホームページ https://www.keidanren.or.jp/policy/2015/094.html#ref3 による（2019 年 7 月 7 日アクセス）。

11　内閣府ホームページ https://www8.cao.go.jp/cstp/kihonkeikaku/5honbun.pdf による（2019 年 7 月 7 日アクセス）。

と社会変革に向けた新たな価値創出の取組」の柱の一つとして、【世界に先駆けた「超スマート社会」の実現（Society 5.0）】という記述が入ったのです。こうして「Society 5.0」という言葉が初めて登場します。同計画の中では、「ICT を最大限に活用し、サイバー空間とフィジカル空間（現実世界）とを融合させた取組により、人々に豊かさをもたらす『超スマート社会』を未来社会の姿として共有し、その実現に向けた一連の取組を更に深化させつつ『Society 5.0』として強力に推進し、世界に先駆けて超スマート社会を実現していく」とされています。そして、この文書のなかでは、「Society 5.0」を「狩猟社会、農耕社会、工業社会、情報社会に続くような新たな社会を生み出す変革を科学技術イノベーションが先導していく、という意味を込めている」と、わざわざ注記しています。

　さて、このような総論を描いたうえで、同計画では、経済・社会的課題に「先手を打って対応する」ために、13 の重要政策課題を掲げて、それらについて「研究開発から社会実装までの取組を一体的に推進」するとしています。13 の課題とは、次の通りです。

〈持続的な成長と地域社会の自律的発展〉
　・エネルギーの安定的確保とエネルギー利用の効率化
　・資源の安定的な確保と循環的な利用
　・食料の安定的な確保
　・世界最先端の医療技術の実現による健康長寿社会の形成
　・持続可能な都市及び地域のための社会基盤の実現
　・効率的・効果的なインフラの長寿命化への対策
　・ものづくり・コトづくりの競争力向上
〈国及び国民の安全・安心の確保と豊かで質の高い生活の実現〉
　・自然災害への対応
　・食品安全、生活環境、労働衛生等の確保

・サイバーセキュリティの確保
・国家安全保障上の諸課題への対応
〈地球規模課題への対応と世界の発展への貢献〉
・地球規模の気候変動への対応
・生物多様性への対応

　一見してわかるように、国と地方自治体の公共政策のあらゆる領域に関わる項目となっています。と同時に、特に最後の2項目については、2015年に策定された国際連合の「持続可能な開発目標（SDGs）」とも重なるものであり、多国籍企業が国際連携しながら、新たなビジネスチャンスとして位置付けていたものでした。

2　経団連の成長戦略と国・地方自治体のあり方への積極的介入

⑴　経団連の新たな成長戦略「Society 5.0 for SDGs」とデジタル・ガバメント推進

　2016年8月、安倍内閣の再改造がなされます。この時、経団連は「新内閣に望む」を発表しました[12]。そこでは、「先の参議院議員選挙を通じて、強固かつ安定的な政権基盤が確立された。新内閣が、大胆な規制改革、社会保障制度改革など、痛みを伴う構造改革にも果敢に取り組み、国内外で大いにリーダーシップを発揮することを強く期待したい」としたうえで、「GDP 600兆円経済の実現」の大項目のトップに、「『官民戦略プロジェクト10』の具体化、とりわけ成長戦略の柱としての第4次産業革命（Society 5.0）の推進」を掲げます。
　併せて、GDPの目標達成のために、「規制改革による新たな成長機会の創出」や「TPP協定の早期発効、日EU EPAの年内合意、

12　経団連ホームページ https://www.keidanren.or.jp/policy/2016/061.html による（2019年7月7日アクセス）。

RCEP並びに日中韓FTA交渉の着実な推進」も入れ込みます。

さらに、「社会保障制度改革の実行」を掲げ、①医療・介護分野における給付の適正化・効率化、②現役世代の社会保険料負担増の抑制、③自助による健康維持増進と老後所得確保のための環境整備も、強調しました。

また、「財政健全化の達成」を求め、具体的には①2020年度のプライマリーバランス黒字化の目標堅持、②2019年10月の消費税率引き上げ、③徹底した業務改革（BPR）を伴う電子行政の推進を、強く求めています。

そして、経団連は、2018年11月に「Society 5.0-ともに創造する未来-」という提言を発表します。この提言は、「Society 5.0のコンセプトを定義し直すと共に、日本の目指すべき方向性や行動指針を示したビジョン」であるとされ、「Society 5.0」を成長戦略の正面に据えるために、定義の変更をしています。新たな定義は、「Society 5.0とは創造社会」であり、「デジタル革新と多様な人々の想像・創造力の融合によって、社会の課題を解決し、価値を創造する社会」というものです。デジタル技術に焦点を絞るとともに、「社会の課題」の解決が、定義のなかに加わっている点が特徴的です。後者は、明らかに、国連が採択したSDGsを意識したもので、同提言では、「社会課題解決や自然との共生を目指すSociety 5.0は、国連が採択したSDGsの達成にも貢献できる」としています。これによって、Society 5.0は公益性があると主張したいようです。そして、同提言では、エネルギー、ヘルスケア、農業・食品、物流、ものづくり・サービスについても具体像を例示しています。

以上のような中期戦略の下で、経団連の年度事業方針のタイトル

13　経団連ホームページ https://www.keidanren.or.jp/policy/2018/095.html による（2019年7月7日アクセス）。

にも、2018年度以降、「Society 5.0」が入るようになります。2018年度の場合は、「GDP 600兆円経済に向けて-Society 5.0を推進する-」とサブタイトルに入りますが、2019年度には「『Society 5.0 for SDGs』で新たな時代を切り拓く」とメインタイトルに入ります。そして、SDGsとセットで掲げられました。

2018年度事業方針では、「Society 5.0の実現に向けて必要な諸施策の推進を図るとともに、重要な分野については、Society 5.0の社会実装に向けたロードマップを策定する。その際、地方自治体・企業の役割にも留意する」とされ、地方自治体がひとつのターゲットと位置付けられました。そして、「重要分野」として①電子行政、②物流、③防災、④ヘルスケア、⑤観光、⑥農業が選択されています。とくに、①電子行政の分野では、「行政のデジタル化の実現に向けて、政府の規制改革推進会議やIT総合戦略本部等の検討状況を注視し、各府省庁の施策に『デジタル化3原則』（(1)デジタルファースト、(2)コネクテッド・ワンストップ、(3)ワンスオンリー）に基づく内容が確実に盛り込まれるよう働きかける。並行して地方自治体における行政の電子化を推進する」とされたのです。[14]

さらに、2019年度事業方針では、「重要分野」として、①ヘルスケア、②農業、③観光、④物流、⑤防災・減災、⑥金融、⑦教育の7つを掲げました。そして、行政については、別途、「行政・国土が変わる」という大項目を立てて、3つの中項目をつくっています。

第一に、「デジタル・ガバメントの推進」です。ここでは、「行政のデジタル化の早期実現に向けて、2019年通常国会におけるデジタル手続法案および関連法案の確実な成立を目指す。さらに、国・地方公共団体を通じた『デジタル3原則』（略）が実現するよう、政府

14　経団連ホームページ https://www.keidanren.or.jp/policy/2018/044.html による（2019年7月7日アクセス）。

の関係組織と連携しながら、経団連の意見を発信していく」としています[15]。

　第二に、「地方創生」です。ここでは、「第二期まち・ひと・しごと創生総合戦略の策定等、政府の動きを注視しつつ、道州制、広域連携など地域の主体性発揮につながる統治機構改革等を柱とする提言を取りまとめる」とし、道州制や圏域行政の「統治機構改革」への提言を準備するとしています。この点については、後述する「自治体戦略 2040 構想」との関係で大いに留意する必要があります。

　第三に、「都市機能の充実」です。ここでは、「Society 5.0 の実現に向けて、デジタル革新による都市や住宅に関連する経済社会課題の解決を図る。東京圏をはじめとする大都市の国際競争力を強化し、わが国全体の成長につなげるべく、提言を取りまとめる。政府と連携しながらスマートシティーの実現に取り組む」としています。

　こうして、経団連による「デジタル革新」をコア技術にした Society 5.0 と SDGs のキャンペーンは、政府の狭義の経済成長政策だけでなく、社会保障、医療、教育、働き方、国土政策に拡張し、住民に最も近い基礎自治体の行政サービスや自治体運営の仕方にまで広がり、様々な制度、政策への介入を強めていきます。それは直接、政権党である自民党の各種調査会を通したり、前述の官民人事交流や、大企業と大学等からなる産業競争力懇談会（COCN）における政策提言活動を通して、具体的な施策が固められていくようになっています。今や、その政策領域は、巻末の**資料1**にあるように、社会保障を含むあらゆる領域に広がっているといえます。

⑵　「Society 5.0」と「自治体戦略 2040 構想」との結合

　総務省も、経団連が音頭を取り、未来投資会議が提唱する「IoT、

15　経団連ホームページ https://www.keidanren.or.jp/policy/2019/045.html による（2019 年 7 月 7 日アクセス）。

ロボット、人工知能（AI）、ビッグデータ」を地方自治体に適用することを加速するようになります。その集約体が「自治体戦略2040構想研究会」の第二次報告（18年7月3日公表）であるといえます。[16]すでに多くの識者が指摘しているように、「自治体戦略2040構想研究会」で中心的な役割を果たしていたのが、当時、総務省自治行政局長を務めていた山﨑重孝・内閣府事務次官（2018年8月に内閣府に異動）です。「平成の大合併」時の合併推進課長であり、福田内閣で増田寛也・総務相の下で「定住自立圏」構想をつくった人物でもあります。

その山﨑局長（当時）が、総務省のホームページにある『地方自治法施行70周年論文集』に「地方統治構造の変遷とこれから」というタイトルの論文を書いています。山崎局長は、明治時代に遡って、国からみた地方団体のあり方を、あくまでも「地方統治構造」という観点から論じているのです。そこには、地方自治や住民自治という観点は一切ありません。しかも、「増田レポート」の「人口減少」論を大前提に、逆算的な発想から圏域行政を導入するとともに、AI（人工知能）と「シェアエコノミー」を活用したアウトソーシング・ネットワークの結合による地方統治をめざすべきだと提唱しているのです。この山﨑論文と同じ発想で「2040構想」がつくられ、第32次地方制度調査会への諮問文に直結しているといえます。

(3) 「自治体戦略2040構想」が描く「自治体像」と憲法・地方自治への懸念

この構想の大前提は、増田レポートの「自治体消滅」「地方消滅」論にあります。構想の内容は4つの柱からなっています（図2－1）。第一に2040年を目標年にして、そこを起点にして逆算方式で

---

16 2040構想への批判点については、白藤博行・岡田知弘・平岡和久『「自治体戦略2040構想」と地方自治』自治体研究社、2019年を参照。

図2—1　新たな自治体行政の基本的考え方

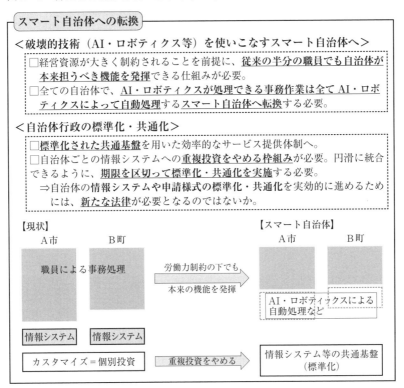

出所：総務省「自治体戦略2040構想研究会報告」資料

　「スマート自治体」をつくり、AI（人工知能）やロボティクスを活用して従来の半分の職員で運営できる自治体をつくるべきだとしています。2040年までに日本の人口は半数にならないのに公務員だけを半数にすると、何の根拠もないことを言い、それをAIの活用で実現するとしているわけです。そして、実行の前提として自治体行政の標準化、共通化をはかっていくとも述べています。標準化、共通化で統合がしやすくなっていきますし、まとまって受注できますから市場規模が大きくなります。

公共私によるくらしの維持

＜プラットフォーム・ビルダーへの転換＞

□人口減少と高齢化により、公共私それぞれのくらしを支える機能が低下。
⇒自治体は、新しい公共私相互間の協力関係を構築する「プラットフォーム・ビルダー」へ転換する必要。
□共・私が必要な人材・財源を確保できるように公による支援や環境整備が必要。

＜新しい公共私の協力関係の構築＞

□全国一律の規制を見直し、シェアリングエコノミーの環境を整備する必要。
□ソーシャルワーカーなど技能を習得したスタッフが随時対応する組織的な仲介機能が求められる。

＜くらしを支える担い手の確保＞

□定年退職者や就職氷河期世代の活躍の場を求める人が、人々のくらしを支えるために働ける新たな仕組みが必要。地域を基盤とした新たな法人が必要。
□地方部の地縁組織は、法人化等による組織的基盤の強化が必要。

出所：総務省「自治体戦略 2040 構想研究会報告」資料

　二番目は「公共私による暮らしの維持」ということで、自治体をこれまでのように行政サービスを総合的に行う「サービスプロバイダー」から公共私の協力関係の構築を行う「プラットホーム・ビルダー」にすべきだとしています。後者のイメージでは、民泊仲介のエアビー＆ビーやウーバー・イーツなどに代表されるシェアビジネスがWEBを介して成長してきています。これらは売り手と買い手の仲介の場を提供しているだけです。それを繋ぐようなかたちで公共サービスをやればいいという考え方です。だとすれば、働き手は個人事業主です。そのために副業制度も緩和されました。こうして

第2章 日本経団連の「Society 5.0」成長戦略と「自治体戦略2040構想」 51

```
┌─────────────────────────────────────────────────┐
│ 圏域マネジメントと二層制の柔軟化                          │
│ ┌─────────────────────────────────────────┐ │
│ ┊ ＜地方圏の圏域マネジメント＞                          ┊ │
│ ┊ □個々の市町村が行政のフルセット主義から脱却し、圏域単位での行政をスタ ┊ │
│ ┊  ンダードにし、戦略的に圏域内の都市機能等を守る必要。         ┊ │
│ ┊ □現状の連携では対応できない深刻な行政課題への取組を進め、広域的な課題 ┊ │
│ ┊  への対応力（圏域のガバナンス）を高める仕組みが必要。         ┊ │
│ ┊ □個々の制度に圏域をビルトインし、連携を促すルールづくりや財政支援、連 ┊ │
│ ┊  携をしない場合のリスクの可視化等が必要。               ┊ │
│ ┊  ⇒圏域単位で行政を進めることについて真正面から認める法律上の枠組みを ┊ │
│ ┊   設け、中心都市のマネジメント力を高めることが必要ではないか。    ┊ │
│ ┊ ＜二層制の柔軟化＞                              ┊ │
│ ┊ □都道府県・市町村の二層制を柔軟化し、それぞれの地域に応じ、都道府県と ┊ │
│ ┊  市町村の機能を結集した行政の共通基盤の構築が必要。          ┊ │
│ ┊ □核となる都市がない地域では都道府県が市町村の補完・支援に本格的に乗り ┊ │
│ ┊  出すことが必要。                             ┊ │
│ ┊ □都道府県・市町村の垣根を越え、専門職員を柔軟に活用する仕組みが必要。  ┊ │
│ └─────────────────────────────────────────┘ │
└─────────────────────────────────────────────────┘
```

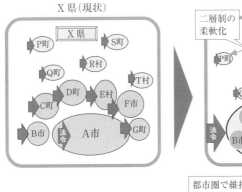
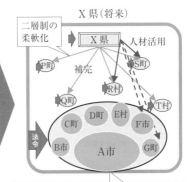

出所：総務省「自治体戦略2040構想研究会報告」資料

仕事が早く終わり、副業収入を得ようと待機している人をつかまえて契約する、これは個人契約ですが、このことで安い対価で働かせることができます。これがシェアビジネスの基本なのです。そこでは労働法が適用されません。2040構想では、そのような「シェアリ

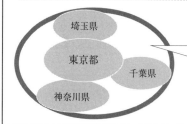

東京圏のプラットフォーム

＜三大都市圏それぞれの最適なマネジメント手法＞
- □東京圏では、市町村合併や広域連携の取組が進展していない。早急に近隣市町村との連携やスマート自治体への転換をはじめとする対応を講じなければ、人口減少と高齢化の加速に伴い危機が顕在化。
- □社会経済的に一体性のある圏域の状況は、三大都市圏で異なる。最適なマネジメントの手法について、地域ごとに枠組みを考える必要。

＜東京圏のプラットフォーム＞
- □利害衝突がなく連携しやすい分野にとどまらず、連携をより深化させ、圏域全体で負担の分かち合いや利害調整を伴う合意形成を図る必要。
  ⇒今後も我が国の有力な経済成長のエンジンとしての役割を果たしていくため、東京圏全体で対応が必要となる深刻な行政課題に関し、国も含め、圏域全体でマネジメントを支えるようなプラットフォームについての検討が必要。
  ▶長期にわたる医療・介護サービス供給体制を構築する必要。
  ▶首都直下地震に備え、広域的な避難体制の構築が必要。
  ▶仕事と子育て等を両立しやすい環境づくりの観点からも、都心に通勤しなくても済むような、東京23区外で職住近接の拠点都市の構築が必要。

以下のような課題については、国も含め、圏域全体でマネジメントを支えるようなプラットフォームについて検討が必要。
・医療・介護サービス供給体制
・首都直下型地震発生時の広域避難体制
・職住近接の拠点都市の形成

出所：総務省「自治体戦略2040構想研究会報告」資料

ングエコノミーの環境整備」をはかるとしているのです。

　そうなると、公共サービスも担い手が、正規の公務員、非常勤の公務員からも置き換えられて、請負契約による新しい形態の官製ワーキングプアが生まれてきます。以上が自治体の公務員数を半減することと併せてやってくるモデルです。これが全ての自治体を包含して追求されようとしています。

　第3の柱が「圏域マネジメントと二層制の柔軟化」です。例えば、

市町村レベルの圏域、さらに県境を越えてお互いに接しているところで、行政の境界線を越えて二層制の壁を打ち破るとしています。そういう「圏域行政体」を〈行政のフルセット主義から脱却して圏域単位での行政をスタンダード化する〉と述べて、標準化しようというものです。つまり、現在の市町村や広域自治体としての都道府県が標準ではなく、新たな圏域行政体を標準化すると言うわけです。そして、都道府県、市町村の二層制を「柔軟化」し、都道府県が市町村の補完・支援をする、あるいは都道府県・市町村の垣根を越えて、専門職員を柔軟に活用することも提案しています。

　さらに圏域でいちばん巨大なところが東京圏ですが、この点に焦点を当てて、第4の柱として「東京圏のプラットフォーム」を立てています。これは、道州制構想とも絡んできます。大阪圏には関西広域連合があり、名古屋圏に関しては名古屋を中心に愛知県と岐阜県しか圏域的な広がりとしての有機的な繋がり広がりはないということで、あえて検討する必要はないとしています。

　最大のねらいは東京圏です。そこでの焦点は、防災と介護、医療です。この観点から広域的な行政体が圏域行政として必要だという議論になっています。介護・医療サービスが広域化し、東京都だけでなく首都圏の近隣県とのつながりが強い。また、大災害の際の「帰宅難民」問題に対応するためには広域的な行政体が必要だとしています。

　2000年代に道州制構想が出てきたとき、政権内でも議論がまとまらなかったポイントのひとつが東京都の扱いでした。今回の構想は、その議論を前に進めるたたき台ともいえ、先の経団連の文書からも推察されるように、道州制絡みであると考えてもいいでしょう。

　研究会報告では、「2040構想」について、「パラダイム転換」と自己表現しています。コンピュータ用語も多く活用しています。「OS

の書き換え」だということで Windows から Mac に切り換えるくら
いの大きな変化だという論法です。しかし、問題はそのような比喩
のような軽い話ではなく、これまでの憲法、地方自治法で定められ
た地方自治体と住民主権を根本から否定して、たんに特定産業や企
業・法人の「経済成長」のために動員される地方団体にしてしまお
うという、極めて重大な問題をはらんでいます。

　そこで、以下では、「地方統治構造」改革及び「公共サービスの産
業化」政策の流れのなかで「自治体戦略2040構想」をとらえ直すと
ともに、同構想やその先取りとして行われている施策がいかなる問
題を生み出しつつあるか、あるいは生み出す可能性があるかを、検
討してみたいと思います。

第3章 「地方統治構造」改革と「地方創生」

1 「地方創生」と「道州制」の罠

(1) 「地方創生」―道州制へのつなぎの政策―

　既に述べたように、2014年5月の「増田レポート」を活用して、14年9月に第二次安倍内閣によって「地方創生」政策が打ち出されます。安倍首相は直前の自民党総裁選でライバルだった石破茂前幹事長を担当大臣にすえました。併せて、内閣の下に地方創生（まち・ひと・しごと創生）本部（本部長は首相）を設置するとともに、基本方針として①若い世代の就労・結婚・子育ての希望の実現、②「東京一極集中」の歯止め、③地域の特性に即した地域課題の解決を盛り込みます。

　この方針③では、大都市圏については「地域包括ケア」、地方都市圏では「地域連携」、中山間地域では「小さな拠点」が焦点であるとされました。地方創生本部の事務局長代理に、医療・介護の市場化をすすめた厚生労働省の山崎史郎が就任したことも、この点と深く関わっていると考えられます。とりわけ、大都市圏において、民主導の「地域包括ケア」体制を構築することが、医療・介護の市場化と一体のものとして追求されようとしていることがわかります。

　表面的には、地方の不満を吸引し、ローカル・アベノミクスの具体化として打ち出された「地方創生」政策ですが、これをどのように見たらいいのでしょうか。私は二側面があると思います。

　一つは、「地方統治構造」改革の終着点である道州制導入までのつなぎとしての政策です。どの地方でも地域再生が課題となり、それに取り組む良心的な首長、行政、企業の方がたくさんおられます。けれども「地方創生」の本質はそこにはありません。2014年11月

の自民党「政権公約2014」の中には、小さい文字でこういう一文があります。

「道州制の導入に向けて、国民的合意を得ながら進めてまいります。導入までの間は、地方創生の視点に立ち、国、都道府県、市町村の役割分担を整理し、住民に一番身近な基礎自治体（市町村）の機能強化を図ります」。

この文面は、それ以前の、年次を明記して道州制推進基本法を制定するという書き方と比べるとトーンダウンしていますが、その次の一文が重要です。「（道州制）導入までの間は、地方創生の視点で」やろうとしているのは、自治体の「役割分担」です。また、「基礎自治体の機能強化」とは、合併あるいは広域的な行政団体化をすすめていくことです。

もう一つの側面は、地方創生と規制改革・国家戦略特区との関係です。自民党の「政権公約2014」は続けます。「地方創生を規制改革により実現し、新たな発展モデルを構築しようとする『やる気のある、志の高い地方自治体』を、国家戦略特別区における『地方創生特区』として、早期に指定することにより、地域の新規産業・雇用を創出します」。つまり、現にがんばっている中小企業や農家の応援ではなく、政府から見て「やる気」「志」のあると評価する自治体を「指定」し、支援するということです。

この時の総選挙の直後に、国家戦略特区に追加指定されたのが、広島・今治特区であり、加計学園の獣医学部でした。地方創生は、こういう形で行政の「私物化」と結合します。また、石破地方創生大臣が併任したのは、国家戦略特区担当、道州制担当、さらに地方分権改革担当でした。ここに「地方創生」の本質があるといえます。

(2)　財界戦略と道州制推進論

安倍首相は、第一次政権のときから、憲法「改正」と道州制の導

入に執念をもっていました。[17]第一次安倍政権発足時の党内への公約は３つ―①憲法改正にむけた国民投票法の制定、②教育基本法改正、③道州制導入―でした。このうち①、②は達成しますが、③は「道州制ビジョン懇談会」の設置はしたものの、道州制推進基本法をまとめる前に、自公政権は終焉しました。

　財界のなかでは、当初、関西経済連合会だけが道州制を主張していましたが、これに九州経済連合会、中部経済連合会が続き、日本経済団体連合会として、道州制推進委員会を設置して、提言書を３本出します。

　一方、当時の自民党道州制推進本部での議論は、国と広域自治体の統治機構を主従の垂直的関係に置きかえるもので、現憲法にある水平的関係を前提にした地方自治の条項とは矛盾します。前者は自民党の「戦争ができる国」づくりとも一致しており、論理的に改憲が必須となります。もっとも、その後、改憲前提の道州制推進論者は、維新の会に出ていくことになります。

　経団連及び自民党道州制推進本部の道州制構想は、ほぼ似通っており、そのポイントは、都道府県を廃止し、全国を10ほどの道州にまとめる。そうすることで約10兆円の財源を浮かし、これをインフラ投資、外資系企業を含む内外多国籍企業誘致の環境づくりに回すというものです。経団連は、それを「究極の構造改革」と呼びました。

　そうなりますと、「平成の大合併」で減ったとはいえ、基礎自治体の数が多すぎます。最終的には300基礎自治体まで減らすべきとされ、その適正人口は30万人とされました。この考え方は現在も変わっていないと思います。しかし、そうなると広大な面積となるところが多く、住民自治も機能しないので基礎自治体とはもはや言えず、

17　詳しくは、岡田知弘『増補版　道州制で日本の未来はひらけるか』自治体研究社、2010年を参照。

単に行政サービスを担う、行政団体としての「基礎地方政府」という呼び方になります。その上に10の州をかぶせますが、北海道、沖縄は安全保障上の要請と過去の歴史経緯があり、単独州にしていくという構想でした。

　この構想で重要なのは、「役割分担論」です。維新の会の大阪都構想の国、府、市による「二重、三重行政はムダ」だという主張とほぼ同じ考え方です。国は外交、軍事、通商政策に特化し、道州政府は、産業基盤整備、経済政策、高等教育政策を担う。これには、国立大学の統廃合が前提であり、現在、文科省が進める国立大学法人の再編・統合は、この端緒と言えます。

　そして基礎自治体（地方政府）は、医療、福祉、義務教育という、住民に身近な行政サービスに特化する、としています。では中小企業、農業などの産業政策、あるいは、高等学校の教育の担当はどこかといえば、実は考えていないようです。財界にとって関心の外なのです。

　また現在、沖縄県は米軍基地建設に反対していますが、もし道州制になれば、基地に関わる外交、軍事事案は国の専権事項なので、県・市町村はもちろん道州政府も関与できなくなります。外交・軍事・通商については、国がすべて決定権を持つ。つまり、戦前の明治憲法と同じ構造です。戦後憲法は、このような垂直的関係が戦争を引き起こした原因であると考え、国の暴走を抑えるための地方自治体をつくり、団体自治とともに住民自治を認めたのです。そして、米軍基地が生み出す騒音、交通事故、犯罪は、明らかに住民の基本的人権を侵害するものであり、住民の人権と福祉を守るために県も市町村も国に対してモノをいう仕組みを作り上げたのです。

　ところが「役割分担」論は、このような地方自治体の団体自治権を制限する仕組みです。それは「戦争ができる国づくり」の一環で

あり、財界は「究極の構造改革」と位置付けていますが、彼らが追求している地方制度改革の完成形態となるのが道州制であり、その実現に執念を持ち続けていると考えられます。

道州制の財政面の考え方は、地方交付税は地方を甘やかすから廃止し、企業誘致によって税収を確保すべきというものです。しかし、そうなると、財源不足が生じるため持ち出されたのが消費税率を EU 並みにするということや、「新しい公共」の活用です。公が担えないところは、民間—場合によっては企業、NPO、さらには地縁組織—に汗をかいてもらうというものです。そして州議会議員は、現在の府県会議員数の 3 分の 1 に減らす、という主張です。

2008〜9 年、橋下・大阪府知事が、関西州のプランとして、大阪湾周辺の地図を描いています。2 府 4 県の行政投資を一本化すれば、空港、港湾、高速道路網を拡張整備できる。この時に示された関西州の地図では、大阪府は全域入りますが、兵庫県は神戸市まで、京都府は京都市の南部まで、奈良県は除外、和歌山県は和泉山地以北だけです。それで各県のもっている財源を大阪の関西州の州政府に移すというものでした。これは、道州制推進論の狙いをそのまま絵にしています。また、議員が 3 分の 1 になると、関西州では 3 大都市（大阪市、京都市、神戸市）でほとんどの議員が選出され、日本海側、紀伊半島突端部などでは議員をだせないでしょう。

一方、「三位一体改革」と並行して進めようとした市町村合併もうまく行きません。2009 年 6 月の第 29 次地方制度調査会の答申では、これまでの合併によって周辺部が衰退し、民意が通らなくなったと、地方団体の代表がそろって合併継続に反対したため、「平成の大合併」に「一区切り」をつけるという結論になりました。

⑶　第二次安倍政権—迂回戦術としての「増田レポート」—

第二次安倍政権が発足した時（2012 年）の選挙公約で、道州制推進

を掲げた政党は、自民党だけでなく、民主党、維新の会を含め、国会議席の8割に達しました。しかしその後は、道州制推進基本法が、国会上程すらできない状況が続きました。これは国会議員を支える地方自治体の首長、地方議員が反発して動かなかったからです。保守議員も含めて、さらなる合併をすれば、地域は崩壊してしまうという正論で大反対しました。地方議員が動かなければ国政選挙は勝てませんので、ストップしたのです。

　その後、道州制導入論がどういう経路をたどったかというと、私は迂回戦略がとられていると見ています。そのきっかけが、2014年5月の「増田レポート」でした。

　それまでの経過をみると、13年6月の第30次地方制度調査会答申は、道州制も視野に入れた広域連携を諮問します。ここでの焦点のひとつは、大阪都構想を念頭に置いた大都市の特別区制度問題でした。同答申は、もう一つ、人口20万人以上の「特例市」と30万人以上の「中核市」を一体化し、中核市に一括しました。つまり指定人口基準を20万人に引き下げたわけです。これが、「コンパクトシティ構想」の中心都市として位置づけられます。

　そして14年5月15日に、第31次地方制度調査会総会が開かれました。答申をまとめる専門小委員長には、翌年に安保法制の国会参考人として違憲発言をする、早稲田大学の長谷部恭男教授が指名されます。この発足の1週間前、5月8日に発表されたのが、「増田レポート」（日本創成会議の提言、「ストップ少子化・地方元気戦略」）です。これは全国の地方紙の一面で、大々的に報じられ、のちに『地方消滅』（中公新書）として出版されました。将来、若い年齢層の女性の数が半減し、2040年には自治体の半分が「消滅」する可能性があるという内容です。しかし、なぜ人口減少と少子・高齢化が進むのかという分析は一切ありません。2005年から10年までの国勢調査を

もとに、若年女性の人口移動だけをみて、それが半減以下になると、「自治体消滅」の可能性があるという乱暴な議論です。

　この「増田レポート」を前提に、第31次地方制度調査会答申（16年2月）では、官邸側は道州制を書き入れることを期待したのですが、答申文には道州制という文言は入りませんでした。ただし、この答申では「連携中枢都市圏」については追認し、地方独立行政法人に窓口業務を委託することも認めました。このように、道州制導入の具体化は、直接は進まなかったものの、迂回戦術として、様々な手口が巧妙につくられていきました。

　一方、国土交通省においては、2050年に向けての新たな『国土のグランドデザイン2050』が2014年7月4日に決定され、それに基づく国土形成計画の第二次全国計画を2015年8月に閣議決定しました。さらに、15年度末までに、ブロックごとの「広域地方計画」も策定を終えます。『国土のグランドデザイン2050』では、状況認識として「増田レポート」を前提にした「地域存続の危機」と「巨大災害の切迫」を指摘し、それに対する基本戦略としてコンパクトな拠点とネットワークの構築等10項目をあげている点が特徴的です。なかでも、リニア新幹線建設を当然の前提として、三大都市圏を結合した「スーパーメガリージョン」形成と「コンパクト＋ネットワーク」による「高次地方都市連合」（人口30万人程度）構築、農村集落再編を念頭において中心集落に公共施設を集中させる「小さな拠点」整備を盛り込んだ点が注目されます。コンパクトな拠点および高次地方都市連合は、後述するコンパクトシティおよび連携中枢都市圏という用語で、統一されることになります。

2 「地方創生」の政策群と実施過程

(1) 地方創生関連二法の制定と地方創生総合戦略づくり

次に、「地方創生」の政策群と実施過程をトレースしてみましょう。第二次安倍政権は、2014年11月21日、衆院解散直前に「まち・ひと・しごと創生法」（地方創生法）を可決成立させます。この法律には、基本理念と創生本部設置の組織規程、国及び地方自治体での総合戦略策定の責務規程が盛り込まれました。同法によって地方自治体は、15年度中に地方自治体での総合戦略をつくる努力義務が生じます。また関連法として地域再生法の一部改正がなされました。ここでは、コンパクトシティの推進、六次産業化に係る施設への農地転用の特例措置に加え、事業の実施にあたっての首相の調整・勧告権限が新設され、国主導の「成長」政策への条件整備がなされます。

さらに、総選挙後の同年12月26日、国の地方創生総合戦略が決定されます。その重点分野は、移住（移住希望者支援、企業移転促進、地方大学の活性化）、雇用（農業、観光、福祉）、子育て、行政の集約と拠点化（拠点都市の公共施設・サービスの集約、小さな拠点整備）、地域間の連携（拠点都市と近隣市町村の連携推進）でした。さらに、国は、2060年人口目標1億人、2050年代成長率1.5～2.0％という数値目標を決定します。もっとも、そのような数値目標は地方自治体が動くことなしには実現しえません。そこで政府は、地方自治体の地方創生総合戦略と人口ビジョンの策定を「努力義務」化したのです。この結果、15年度内にほとんどの自治体が地方版総合戦略を策定しますが、結果的にほとんどの自治体でコンサルタント業者への丸投げがなされ、住民参加の戦略づくりがなされたところはごくわずかでした。結局、第2期「まち・ひと・しごと創生総合戦略」策定に関する有識者会議の「中間とりまとめ報告書」によると、東京都中央区を除く、すべ

ての都道府県、市区町村が総合戦略と人口ビジョンを策定しました。[18]

(2) 地方版総合戦略の進行管理手法

地方版総合戦略の策定にあたり、政府は、各自治体に、基本目標（数値、客観的指標）と目標達成のために講ずべき施策の明記を求めます。その数値目標がKPIであり、例えば、雇用創出、人口流入、結婚子育て等の目標の下に、「新規就農者数、観光入込客数、移住相談件数、進出企業数、若者就業率、小さな拠点数」をKPIとしました。とくに農業分野では、輸出額、国産材供給量、都市との交流人口等をKPIにすることが例示されます。これらのKPIの達成状況を政府が5年後に評価することによって交付金額を増減させる、あからさまな財政誘導の仕組みです。

また、2015年6月、政府は「骨太の方針2015」と「地方創生基本方針」を決定しました。そこでは医療・社会保障分野での歳出を抑制するとともに、地方財政支出を削減するために、地方交付税の算定方式を「標準」から市場化前提の「トップランナー方式」に切り替えると同時に、成果主義的算定分を拡大するとしました。また、成長戦略の一環として、社会保障分野、教育・科学技術、地方行政、社会資本整備分野において「公的サービスの産業化」を推進するとし、その一環として、社会教育施設をはじめとする公共施設・小中学校の統廃合や民営化を促進するとし、公共施設等総合管理計画もKPIの一つとされます。

このようなKPIの活用による財政誘導に加え、国家公務員・民間「専門家」の地方自治体への人的派遣、地域経済分析システム（RESAS）等でのビックデータ及びコンサルタントの活用、情報一元

18　第2期「まち・ひと・しごと創生総合戦略」策定に関する有識者会議『第2期「まち・ひと・しごと創生総合戦略」策定に関する有識者会議中間とりまとめ報告書』（2019年5月23日）https://www. kantei.go.jp/jp/singi/sousei/meeting/senryaku2nd_sakutei/r01-05-31_chuukan.pdf（2019年7月7日アクセス）。

化によって、政府は地方自治体行政の把握を強化していきました。

(3) 連携中枢都市圏とコンパクトシティづくり

拠点都市と周辺町村との連携強化については、連携中枢都市圏構想として具体化します。拠点都市である連携中枢都市と周辺町村が「連携協約」を締結し、行政サービスの広域連携を推進するものであり、拠点都市及びそれと連携協定を結ぶ市町村に交付金を分配するという財政誘導付きでした。連携中枢都市は、概ね人口20万人以上の中核市・政令市が想定されましたが、その後要件が緩和され、20万人に満たない都市も認定されています。2019年4月時点で34圏域、304市町村が指定されました。

しかし、事業の進捗がはかばかしくなく、政府は、2018年9月4日、内閣官房の下に「地域魅力創造有識者会議」(増田寛也座長) を設置して、事業の推進策を検討します。有識者会議は、同年12月6日に「中枢中核都市の機能強化」方策をまとめ、それを受けた政府は、12月18日に82市を選定し、19年度から財政的支援の強化を図っています。さらに、人口が少ない地域では、引き続き定住自立圏や府県境を越えた連携協定も推進しており、行政施設や行政サービスの「選択と集中」を図る動きが活発化しています。

これらの拠点都市の多くが、ハード面でのコンパクトシティ化をすすめる「立地適正化計画」を策定しています。国の地方創生総合戦略では、300市町村での「立地適正化計画」の策定を目標にしていますが、2019年6月末時点での策定自治体は213市となっています。策定された「立地適正化計画」の特徴は、「医療、福祉、商業等の都市機能を都市の中心拠点や生活拠点に誘導し集約」する「都市機能誘導区域」を設定し、なかでも中心市街地活性化事業で失敗した中心部に拠点を整備する点にあります。そこでは、多数の補助金や減税、低利融資の助成制度が準備され、とりわけ医療・福祉など

の「サービス付き高齢者向け住宅」(「サ高住」)への助成の手厚さが目立ちます。[19]

　では、実際にどのような形で、連携中枢都市圏とコンパクトシティが推進されているのでしょうか。ここでは、先進モデルと言われている「播磨圏域連携中枢都市圏」(2015年4月連携協約締結)の実情を、兵庫県自治体問題研究所の岡田裕行副理事長の調査レポートをもとに、紹介します。[20] 同圏域の連携中枢都市である姫路市は「平成の大合併」で広域化した人口53万人都市です。同市と周辺の7市8町の連携市町村が協約を結んで、姫路市が都市圏ビジョンを作っています。その圏域人口は、130万人余りとかなり大きな人口規模ですが、面積は2,674km²と鳥取県や佐賀県の面積に匹敵し、兵庫県内で占める面積割合は32%に達しています。

　連携協約は、姫路市と各市町が個別に結ぶ形をとり、連携中枢都市の姫路市が都市圏ビジョンの策定や各種事業に中心的に取り組む仕組みです。同都市圏ビジョンでは、「経済成長の牽引」、「高次都市機能の集積・強化」「生活関連機能サービスの向上」の3分野53事業が掲げられています。「経済成長の牽引」では、地域ブランドの創設、企業誘致、創業支援、販路拡大、海外展開支援、広域観光ルートの設定やイベント・MICE支援、「生活関連機能サービスの向上」では、8市8町の全37図書館の相互利用促進、バス・鉄道網の整備、利用促進、移住・定住促進、博物館等の相互利用促進、スポーツ振興などがあげられています。

　けれども、321.6億円の総事業費のうち166.4億円が「高次都市機能の集積・強化」分野に投下されています。具体的には、姫路駅周辺における立地適正化計画を活用した、都市型ホテル、シネマコン

19　詳しくは、中山徹『人口減少と大規模開発　コンパクトとインバウンドの暴走』自治体研究社、2017年、を参照。

20　『第42回　自治体政策セミナーin東京』自治体問題研究所、2019年2月、所収。

プレックス、医療系専門学校、高齢者向け住宅、文化コンベンションセンターの建設であり、なかでも最も大きなプロジェクトが県立はりま姫路総合医療センター（仮称。県立病院最大の736床、34診療科。2022年開院予定）の建設です。同医療センターは、県立姫路循環器病センターと製鉄記念広畑病院を統合するもので、広畑地区にある現病院は民間病院に譲渡するものの、392床・28診療科体制から100床・7診療科体制に縮小されるそうです。

　ちなみに、この姫路駅周辺部の開発投資に、「生活関連機能サービスの向上」分野に分類されている姫路駅を起点にした鉄道・バス事業予算を加えると、この圏域での総事業費の71％を占めることになります。このような事態は、多かれ少なかれ、連携中枢都市圏の中枢都市における、コンパクトシティ建設に、共通しているといえます。[21]「選択と集中」を伴いながらの「圏域行政」の実体化によって、中心部から離れた周辺部における地域産業や住民生活、市町の意思決定権がどこまで保障されるかが、気になるところです。

　というのも、地方制度調査会の「圏域行政」制度の審議に先立って、総務省自治行政局に置かれた「基礎自治体による行政基盤の構築に関する研究会」において事務局が提出した文書が、とても気になるからです。そこでは、図3-1のように、圏域運営の「企画・立案の司令塔」として「圏域運営協議会」を設置することが考えられるとしています。その委員会は構成市町村の職員（首長、副首長を含む職員）から構成されるとしていますが、住民が直接選挙で選ぶ代議制度は考えられていません。間接的に、各市町村の議会が、行政分野・課題ごとに、事務の委託や代替執行等の連携手法の中からどの手法を選ぶかを決めるとしています。しかも、民間企業や住民団体

21　中山徹『前掲書』参照。なお、同書では、新幹線のネットワーク上に位置する地方都市で、立地適正化計画を活用した大規模開発が目白押しになっていることを明らかにしている。

第3章　「地方統治構造」改革と「地方創生」　67

図3-1　圏域における連携手法に関する調整方法（案）

○圏域を構成する市町村は、共同して、1空間管理（土地利用）などに関する広域的な調整・役割分担、2行政サービスの確保に向けた行政運営体制の構築を行う必要がある。
○上記の連携を推進するための組織（いわば、圏域運営の企画・立案の指令塔）として、圏域を構成する市町村により、地方自治法（第252条の3等）に基づき、「圏域運営協議会」を設置することが考えられる。その際には、規約により「中心市の長をもって会長に充てる」とすることも可能である。また、現行の地方自治法上、協議会の委員については、構成市町村の職員（首長、副首長を含む。）から選任することとなる。
　なお、有識者や構成市町村の議会の議員を「圏域運営協議会」の委員とすることができるようにするためには、地方自治法の特例を設ける必要がある。
○「圏域運営協議会」において、圏域全体で行政サービスを維持・提供していくため、行政分野・課題ごとに、事務の委託や事務の代替執行等の連携手法の中からどの手法を用いるかについて定めた圏域の「基本構想」を、圏域内の各市町村の議会の議決を経て策定することが考えられる。
○人口減少下においても生活関連サービスを確保するためには、サービスの担い手として、公（行政）のみならず、住民団体、NPO、企業といった共・私が果たす役割も重要であることから、共・私の意見を聴取するための場を「圏域運営協議会」とは別途、設けることが考えられるのではないか。
○各行政分野で想定している利害調整や紛争解決のための機関を共同で設置することなども考えられる。

出所：総務省「基礎自治体による行政基盤の構築に関する研究会」資料

の意見を聴取する機関として「圏域運営協議会」とは別の組織体をつくることも検討されています。また、市町村間の「水平補完」が困難な自治体については、必要に応じて都道府県との間に「連携会議」を置くことも提起しています（図3-2）。このような団体自治も

図 3-2　都道府県と圏域等の役割分担の調整（連携会議）（案）

○人口構造の変化等が生じる中で、持続可能な形で行政サービスを提供し続けるためには、都道府県及び区域内の市町村が有する経営資源をより効果的かつ効率的に活用する必要がある。特に、都道府県は、水平補完が困難な市町村に対して、その経営資源を重点的に配分することが求められる。
○そこで、経営資源が全体として有限である中でも、必要な行政サービスを維持できるように、都道府県と圏域（特に中心市）が事務の処理について必要な協議を行う場として連携会議を設けることが考えられないか（パターンα）。
○市町村間連携によって持続可能な形で行政サービスを提供することが困難な市町村についても、まずは市町村間連携を進めた上で、連携を行ってもなお提供できない行政サービスを確保するために、連携を行っている市町村が合同して都道府県との間で連携会議を設けることが考えられないか（パターンβ）。
○また、圏域を形成することが難しい市町村についても、必要に応じて都道府県との間で「連携会議」を設けることが考えられないか（パターンγ）。
○都道府県をまたぐ圏域については、まずは中心市の所属する都道府県との間で「連携会議」を設けることとすべきか。その際、連携市町村を包括する他の都道府県にも関与を求めるべきか。

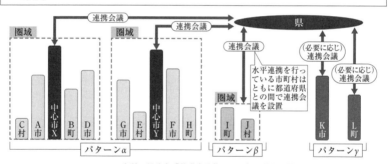

出所：総務省「基礎自治体による行政基盤の構築に関する研究会」資料

住民自治も制約するような「圏域行政体」に、多大な行財政権限を与えていいのかどうかが、鋭く問われています。

(4)　「スマートシティモデル事業」から「スーパーシティ構想」へ

姫路市の場合は、まだ「2040構想」で言われているデジタル技術を使った「スマート自治体」への動きは見られませんが、国土交通省では「Society 5.0」の戦略の一環として、2019年度から「スマートシティモデル事業」を開始しました。これは、「新技術や官民データを活用しつつ都市・地域課題を解決」しようとする事業であり、

2019 年春に公募し、5 月末にその選定結果を発表しました。

　応募できる主体は、産官学等からなる「コンソーシアム」と呼ばれる組織であり、全体で 73 のコンソーシアムから提案があったそうです。国土交通省は、「有識者」の意見を聞いたうえで、「事業の熟度が高く、全国の牽引役となる先駆的な取組を行う『先行モデルプロジェクト』」を 15 事業、「国が重点的に支援を実施することで事業の熟度を高め、早期の事業化を促進していく『重点事業化促進プロジェクト』」を 23 事業採択しました。その一覧が、**資料 4**（158 ページ）です。

　「先行モデルプロジェクト」には、実証調査予算を配分し、具体的な新しい取り組みへの着手と事業の成果、ボトルネック等の分析を行い、「全体の取り組みを牽引する」役割が与えられています。

　事業内容としては、たとえば、顔認証技術を活用しバスに乗るだけで病院受付を可能にする（茨城県つくば市）、観光地やイベントにおける人流データ分析、モビリティサービスの導入による地域活性化（宇都宮市）など、医療・健康、交通、防災など、SDGs に関係する分野が多くを占めます。その事業者代表を見ると、建設、不動産、情報・通信、鉄道会社のほか、大学が比較的多く関与していることがわかります。

　国土交通省では、これらのモデルプロジェクトとは別に、落選組のコンソーシアムも含めて、スマートシティづくりに貢献してくれそうな事業主体を「スマートシティ推進パートナー」と呼び、71 団体を指定しました。今後、関係府省が連携して支援するとしています。

　以上の国土交通省のモデル事業は、**資料 4** からもわかるように、部分的なデジタル技術の試験的なものを推進する性格のものですが、官邸では、より大きな仕掛けを「国家戦略特区」制度を拡張してつくる予定でした。

これを提案したのは、内閣府の地方創生担当大臣の下に置かれた〈「スーパーシティ」構想の実現に向けた有識者懇談会〉であり、座長は竹中平蔵パソナ会長が務めています。そこでの検討結果を踏まえて、「AI及びビッグデータを活用し、社会の在り方を根本から変えるような都市設計の動きが国際的に急速に進展していることに鑑み、暮らしやすさにおいても、ビジネスのしやすさにおいても世界最先端を行くまちづくり」である「スーパーシティ」を国家戦略特区制度によって建設しようという構想でした。[22]同懇談会では、世界には、カナダのトロントや中国の杭州市のように、情報系企業と連携して、AI及びビックデータを活用して、社会のあり方を根本から変えるような都市設計の動きが急速に進展しているとし、日本において「国家戦略特区制度を活用しつつ、住民と競争力のある事業者が協力し、世界最先端の日本型スーパーシティ」の実現を図る必要があると提案したのです。

安倍内閣は、そのための国家戦略特区法改正案を、2019年6月7日に閣議決定するものの、6月26日に閉会した通常国会で廃案となりました。廃案になったのは、規制緩和の手法を巡り内閣法制局との調整に時間がかかったためだといわれています。内閣法制局は、地方自治体が制定する条例で法律が規定する規制を緩和できる仕組みが憲法違反ではないかと指摘したといわれています。政府は同法改正案を2019年秋の臨時国会に再び提出し、成立を目指すといいます。[23]いずれにせよ、再び、国家戦略特区制度を使うことによって、今度は、特定企業のために、市民の大量の個人情報を含む都市全体のあり方がビジネスの手段にされようとしているのです。

---

22 「スーパーシティ」構想の実現に向けた有識者懇談会「『スーパーシティ』構想の実現に向けて（最終報告）」（2019年2月14日）https://www.kantei.go.jp/jp/singi/tiiki/kokusentoc/supercity/saisyu_houkoku.pdf（2019年7月8日アクセス）。

23　多田和市「廃案になったスーパーシティ構想、周回遅れからどう追い付く」『日経ビジネス』2019年7月2日、デジタル版 https://business.nikkei.com/atcl/gen/19/00002/070200501/ による。

第4章 「公共サービスの産業化」政策と
「自治体戦略 2040 構想」

1 「公共サービスの産業化」政策の登場と展開

(1) 「公共サービスの産業化」政策の登場

　本来利益を追求しない公的団体の業務である「公共サービス」を、「産業化」するという、一見相矛盾することを臆面もなく追求する政策が、初めて政府の基本政策のなかに登場したのは、2015 年春のことです。第二次安倍政権は、2014 年 4 月からの消費税増税によって地方を中心に地域経済が低迷していることに対応して、同年 9 月から「ローカル・アベノミクス」と称して「地方創生」政策を打ち出したことは、すでに見たとおりです。2015 年春の通常国会において安保関連法案の成立をめざしていた安倍政権は、国民の反発を慰撫するための成長戦略を、とくに地方向けに打ち出す必要に迫られていたといえます。2015 年 6 月 30 日に閣議決定された「骨太方針 2015」では、成長分野の一つとして公共サービスが位置付けられ、「公的サービスの産業化」が正式に打ち出されることになります。

　「骨太の方針」を立案する経済財政諮問会議（以下、諮問会議と略）で、最初に公共分野を成長産業化すべきだとする提言を行ったのは、いわゆる民間 4 議員の伊藤元重・東京大学教授、榊原定征・日本経団連会長、高橋進・日本総合研究所理事長、新浪剛史・サントリーホールディングス代表取締役社長でした。[24]

　2015 年 3 月 11 日の諮問会議の席上、この 4 議員から提出された文書のタイトルは「公的分野の産業化に向けて～公共サービス成長

24　以下の経済財政諮問会議の議事内容については、同会議ホームページの会議資料 http://www5.cao. go.jp/keizai-shimon/ による（2019 年 7 月 1 日アクセス）。

戦略〜」とされています。まず、その提案の意図を確認することから始めましょう。彼らは、「経済再生と財政健全化の両立、さらには地方創生にとっても、公的部門の改革がカギとなる」という認識にたちます。それは、「国・地方の公共サービス分野での民間との連携（インクルージョン）を進め、サービスの多様化、質の向上とともに、新たな民間産業の創造や民間雇用拡大を通じた経済成長を実現し、税収拡大を図るべき。さらには歳出効率化とあわせて実現することで、二兎を得るよう取り組むべき」という考え方に基づいています。「インクルージョン」とは、もともとマイノリティの社会的「包摂」として翻訳される概念であり、「連携」という訳語はありません。この言葉をあえて使うのは、まさに民間が公共を「包摂」したいという表明とも言え、「公共サービス」を丸ごと民間市場に開放し、利潤追求のための市場創出を狙っているからであるとも推測できます。公共分野の市場化・民間化によって経済成長を図るという従来の成長戦略の発想に加え、それによる歳出効率化と税収拡大を図るという「財政健全化」との結合を強調しているところに重点を置いているのが特徴です。

　とりわけターゲットにされたのは、「歳出規模も大きく、かつ国民生活にも深くかかわる社会保障サービス・地方行政サービス分野」であり、これらの分野において「規制改革とともに、サービス提供者のインセンティブに関わる制度（診療報酬、介護報酬、保険料、補助金制度、地方交付税制度等）の改革も行うことを通じて、多様な主体が参入し、多様なサービスを提供できる環境整備を進める」ことで「成長産業化」をすすめるべきだとしました。また、「地域に密着するこれらのサービスの産業化は地域の活性化にもつながる」として「地方創生」との関連性も強調している点にも、注目する必要があります。

同提言では、上記の考え方に立って4つの柱を立てています。第一に、「民間の多様な主体との連携（インクルージョン）の促進」であり、具体的には①健康長寿分野の潜在需要の顕在化、国民による健康管理の推進、②医療介護分野の生産性向上、③子ども・子育て支援分野における多様なサービスの拡大（ナショナルミニマムとしての福祉に加え、国民が選べる多様なサービス供給へ）、④公共施設等の整備等における PPP／PFI による実施の原則化等をあげています。

第二の柱は、「フロントランナー事例の横展開」であり、①民間の知恵を活かした BPR（Business Process Reengineering）の推進として、民間企業の経営手法を国や地方自治体の行政の効率化を図るために活用、普及するとしています。さらに②IT 化等を通じた地方行政の業務改革の推進を強調するとともに、③PPP／PFI の導入における地方財政中立の仕組みの横展開を図るとしています。具体的には、地方自治体のコンセッション事業に対して、導入時・事業期間中・事業終了時のいずれにおいても、普通交付税の減少要因とならない制度をつくることを求めています。

第三の柱は、「公共サービス改革基本方針の改定等」であり、「2015 年度中に民間の知恵のあらゆる業務での活用、公的サービス分野の更なる民間開放に向け、国・地方（独法、公営企業・第3セクター・地方独法の民間委託等を含む）ともに一体的に取組を進めるよう方針を改定すべき」だとしました。

(2)　歳出改革と「公的サービスの産業化」

諮問会議では、その後も民間4議員が主導して、社会保障、社会資本、文教・科学技術、地方行財政分野での歳出改革とサービスの産業化プランを各論として順次提案するとともに、それを「経済・財政一体改革」と称して期限を切って強力に推進するよう求めていきます。併せて、とくに地方自治体をターゲットにして「横に展開」

するための「見える化」やプラットフォームづくりも提起します。

2015年6月末に閣議決定された「骨太方針2015」は、これらの提言をほとんど採り入れる内容となりました。もっとも、これまでの諮問会議での議論の仕方と同様、民間4議員が急進的な構造改革論をぶったうえで、最終的には各方面の反発を想定し、棘を抜いた文章表現に落ち着かせるという手法です。例えば、PPP／PFIについては、民間4議員提案では、人口20万人以上の自治体（これは、連携中枢都市の規模に相当する）については原則導入すべきだとしたが、最終文書では「国や例えば人口20万人以上の地方公共団体等において、一定規模以上で民間の資金・ノウハウの活用が効率的・効果的な事業については、多様なPPP／PFI手法導入を優先的に検討するよう促す仕組みを構築するとともに、その状況を踏まえつつ、適用拡大していく」というように表現を曖昧化しています。

改めて「骨太方針2015」における「公共サービス」及び「公的サービス」の産業化政策について、再整理してみると、以下のような構図になっていました。

第一に、同方針の最大目標は、「経済成長」に置かれています。その成長戦略と併せて財政再建を図るために、「公共サービス」の成長産業化が位置付けられています。「経済再生に寄与する『歳出改革』、『歳入改革』を推進することを通じて、公共サービス分野を『成長の新たなエンジン』に育てる」という表現がそれを示しています。

第二に、「未来の成長の源泉」として位置付けるのが、イノベーションです。そのために文教・科学技術の改革を重視する一方、とくに重点を置いているのがIT技術です。「公共サービス」分野でも、このITによるイノベーションに注目し、「個人番号カード、電子私書箱等を活用したワンストップサービスや政府調達の全工程の電子化等を通じ、公共サービスの改革を進める」と敢えて書き込んでい

ます。これは、マイナンバー、ビッグデータの活用等、地方創生政策につながるだけでなく、TPP の政府調達条項への対応ともいえます。

第三に、「地方創生」と「公共サービス改革」を連結するために、次のような論点が示されています。「社会保障サービスを含む公共サービスや公共投資等が大きな比重を占める地方経済にとっては、改革によってその質と生産性を高めていくことが、地方創生、地域経済の活性化のために必要不可欠である」。日本におけるサービス産業の生産性の低さは、かねてから指摘されてきたところです。とりわけ、国や地方自治体が直接提供する公務サービスだけでなく、すでに民営化されている介護等の公共サービス分野や公共投資における生産性を引上げることを強調しているところに特徴があります。

第四に、国及び地方自治体の「公共サービス」改革が「骨太方針」の根幹にかかわる「歳出改革」に据えられている点です。同方針は、「民間の活力を活かしながら歳出を抑制する社会改革である」と述べ、国、地方、民間が一体となって「公的サービスの産業化」、「インセンティブ改革」、「公共サービスのイノベーション」に取り組むべきだとしました。

① 「公的サービスの産業化」で具体的に指摘しているのは、「公共サービス（医療・介護、子育てなどの社会保障サービスを含む）及びそれと密接に関わる周辺サービスについて、民間企業等が公的主体と協力して担うことにより、選択肢を多様化するとともに、サービスを効率化する」ということです。ここでは、民間が供給主体にもなりうる公共サービスだけでなく、その周辺サービスを含めて「公的サービス」と規定し、そこで営利を追求する企業が成り立ちうるという意味での産業化を図ることを提起しているのです。さらに、社会資本分野での PFI ／ PPP 手法の導入、「公的ストックの有効活用」

という名の下での「公共施設の集約化・広域連携等」、学校・大学の統廃合もこの範疇に入っています。

②　「インセンティブ改革」で、具体的に指摘されていることは、「頑張る者を支える仕組みへのシフト」として、診療・介護報酬、地方交付金の算定のあり方を変更し、とくに地方交付税交付金については「トップランナー方式」を導入し、市場化・民間化によってコスト削減をした自治体を優良事例として示し、財政誘導によって全国の地方自治体のコスト削減を推進することが示されています。

③　「公共サービスのイノベーション」では、以上のような取り組みを推進するための前提基盤として「徹底した情報開示（見える化）、業務の簡素化・標準化、先進的な取組の普及、展開」を進めるとしています。とりわけ重視されているのは、「エビデンスに基づくPDCA の徹底」、「マイナンバー制度の活用や IT を活用した業務の簡素化・標準化」です。

(3)　「経済・財政一体改革」推進体制と国・自治体関係

「骨太方針 2015」の閣議決定と同時に、改革を推進する司令塔として「経済・財政一体改革推進委員会」が設置されます。同委員会は、諮問会議の下に置かれた専門調査会という位置づけであり、構成員は諮問会議民間議員及び学者・経営者・首長からなる有識者からなり、会長には新浪委員が就任します。この委員会のもとに、①社会保障、②非社会保障、③制度・地方行財政の分野別にワーキンググループが置かれ、事細かく進行管理がなされていきます。[25]

同時に、甘利明経済財政政策担当大臣（当時）の下に「優良事例を全国展開するプラットフォーム」も設置されました。これは「健康増進・予防等の社会保障サービス、公共サービスのイノベーショ

25　経済・財政一体改革推進委員会のホームページ、http://www5.cao.go.jp/keizai-shimon/kaigi/special/reform/index.html、による（2016 年 9 月 10 日アクセス）。

ンの２分野を対象に、歳出改革の優良事例を全国に展開する取組を推進」するための組織であり、その構成員は内閣府担当副大臣と政務官、諮問会議の高橋・榊原議員に加え、全国知事会、全国市長会、全国町村会の代表も参画しているほか、大学・自治体・政府系金融機関の有識者からなっています。併せて、①アウトソーシング、②ITを活用した業務改革、クラウド化、③公的ストックの有効活用の３つのテーマ別分科会ごとの省庁担当者も委員となっています。以上から、政策目標をトップダウン的に諮問会議、政府が決定し、それを地方自治体に徹底していく体制が敷かれることになりました。[26]

　さらに、2015年8月28日に、総務大臣通知「地方行政サービス改革の推進に関する留意事項について」が地方自治体宛になされて、追い打ちをかける。「公的サービスの産業化」といった直接的な表現は避け、地方自治体でのこれまでの「地方行革」の柱ごとに整理されていますが、内容的には「骨太の方針2015」に即したものです。具体的な項目を列記すると、①行政サービスのオープン化・アウトソーシング等の推進（民間委託等の推進、指定管理者制度等の活用、地方独立行政法人制度の活用、BPRの手法やICTを活用した業務の見直し）、②自治体情報システムのクラウド化の拡大、③公営企業・第三セクター等の経営健全化、④地方自治体の財政マネジメントの強化（公共施設等総合管理計画の策定促進、統一的な基準による地方公会計の整備促進、公営企業会計の適用の推進）、⑤PPP/PFIの拡大、となっています。そして、最後に「業務改革を推進するため、民間委託やクラウド化等の各地方自治体における取組状況を比較可能な形で公表し、取組状況の見える化を実施」し、「総務省においては、これらの推進状況について毎年度フォローアップし、その結果を広く公表」すると明記してい

　26　公共サービスイノベーション・プラットフォームのホームページ、http://www5.cao.go.jp/keizai-shimon/kaigi/special/innovation/index.html、による（2016年9月10日アクセス）。

ます[27]。すでに述べたように、重要業績評価指標（KPI）の進行管理
と連動した、国による財政誘導の仕組みです。

2 「Society 5.0」戦略の一環としての「自治体戦略 2040 構想」

(1) 公共サービス「産業化」の包摂範囲の拡大

既に述べたように、2016 年夏の参議院選挙後、内閣再改造を行っ
た安倍政権、新たな成長戦略を追求する司令塔として、日本経済再
生本部の下に未来投資会議を設置します。未来投資会議は従来の産
業競争力会議と「未来投資に向けた官民対話」を発展的に統合した
会議体であり、安倍首相が議長を務め、主要閣僚と中西宏明日本経
団連会長、竹中平蔵パソナ会長らの「民間代表」によって構成され
ています。

同会議の最初の報告書が「未来投資 2017」でした。そこで政府文
書としては初めて「Society 5.0」という言葉が登場します。これま
で見た財界からの諸提言では、デジタル技術を中核とする「Society
5.0」は、公共サービスの全範囲を対象とするだけでなく、サービス
の主体である国や地方自治体の意思決定のあり方や行政サービスの
あり方、公共施設や公共財産、そして自治体がもつ個人情報をはじ
めとする様々なビックデータを「包摂」しています。それらは、情
報関連企業にとってビジネスの対象であり、次の「成長」のタネと
して捉えられるものです。「公共サービスの産業化」は、これら総体
を指すものであり、それに関わる市場創出が、すでに見たようにス
ーパーシティ構想のような形で着々と具体化しつつあるのです。

「自治体戦略 2040 構想」という名称は、「2040 年」という年号が
あるため、改革がなされるのははるか先のことであると誤解してい

27　第 1 回公共サービスイノベーション・プラットフォーム　会議資料 http://www5.cao.go.jp/keizai-shimon/kaigi/special/innovation/150914/shiryou3-2.pdf、による（2016 年 9 月 10 日アクセス）。

る人も少なくありません。けれども、実際には、高齢化がピークを迎えるとされる 2040 年に向けて、「逆算」的に、AI やシェアビジネスを活用して公務員を半減する「スマート自治体」をつくることを目的にして、現時点において公共サービスや施設の先取り的な改革を推進する体制を固めつつあるのです。その根幹に、公共サービスの「産業化」政策があるといってもよいでしょう。

しかも、その「産業化」の範囲も参入主体も拡大しています。対象とされる公共サービスは、従来のような公共施設や一部業務の民間化・市場化だけに留まってはいません。ビッグデータと AI を活用した政策立案・意思決定過程から、共通化・標準化された書式を基にした電子入力システム、さらに TPP や FTA に対応した電子入札システム、行政サービスの現場における情報機器の購入や派遣労働者に加えたシェアワーカーの導入、そして公共施設の不動産活用等に至るまで、個別サービス分野を超えた領域に拡大しているのです。

さらに参入主体も、TPP 等を見据えて、外国の多国籍企業にも開放するという枠組みとなっており、経済のグローバル化の現段階に対応するものとなっています。前述したように、自治体の全てを、内外の民間企業の私益追求の手段、対象として包摂しようという動きになっているということです。そこで、いま少し、その具体的な姿を見てみましょう。

⑵　公共施設等総合管理計画と不動産活用ビジネス

まず、公共施設等総合管理計画に関わる自治体の公共資産の統廃合、民営化等に関わる話です。公共施設等を不動産ビジネスの視点から活用する動きは、実は民間活力導入を提案した中曾根内閣時代から存在していました。この頃に JFMA（日本ファシリティマネジメント協会）という団体が設立されています。同協会は、不動産、デベ

ロッパー、ゼネコン、コンサルタント等の大企業でつくられており、2008年に提言（「公共施設資産を次世代に継承するファシリティマネジメント」）を出しています。その内容を見ると驚いてしまいます。現在進められている「公共施設等総合管理計画」と瓜二つなのです。とくに公共施設の用途転換、統廃合、総量の調整で、民間との共同利用、不動産活用の手法が必要だとしている点が注目されます。

　さらに、この提言の最後には、「実施後のあるべき姿」として、「道州制の導入に効果的に貢献」できると書いているのです。つまり、道州制導入には、都道府県や市区町村の統合が必要であり、「公共施設のマネジメント業務の体系化や標準化」「施設情報の標準化や共有化」が必然的に求められる。公共施設管理の標準化、共有化を進めておけば、将来コストが省ける、浮き財源もつくれるという見通しを立てていたのです。併せて、「標準化」や「共有化」は、不動産資本や情報関連資本にとって、またとないビジネスチャンスを生み出します。この、道州制も念頭に置いた「標準化、共有化」の発想が「自治体戦略2040構想」に継承されているといえます。

　⑶　進む公共サービスの民間開放、水道民営化とTPP・FTA

　また、2018年には、卸売市場法、水道法の「改正」がなされ、卸売市場や水道の運営権の内外資本への売買が自由化されました。このような運営権売買（コンセッション）は、すでに関西空港などの空港にも導入され外資系企業も参入しています。

　水道民営化については、近年、パリ、ロンドン、ベルリンなどヨーロッパの主要都市を中心に「再公営化」の流れが主流となっています。人々の生存権のひとつである水の供給が民間企業に独占されることによる弊害が問題化したからです。にもかかわらず、安倍政

28　JFMAホームページ、http://www.jfma.or.jp/propose/ による（2019年5月2日アクセス）。

29　尾林芳匡・渡辺卓也編『水道の民営化・広域化を考える』自治体研究社、2018年。

権は外国企業に運営権の市場開放を認める法改正を強行したのです。しかも、水道法改正案の策定担当事務局である内閣府「民間資金等活用事業推進室」に「水メジャー」といわれるフランスのヴェオリア社関係者が政策調査員として関わっていたことも国会審議の中で明らかとなっています。[30] 参入民間企業が外国企業であることに注目しなければなりません。

　卸売市場や水道といった住民の生存権に関わる公共サービスの公的保障の解体と併せて、2018 年には種子法の廃止、森林経営管理法の制定、漁業法の「改正」が次々と強行されました。これらは、前述した未来投資会議での重点検討項目であり、その目的は地方自治体による種子の開発と保護を廃止し、森林の経営権や漁業権の内外資本への開放を図ることにあります。同時にそれは、TPP や日欧 EPA での国内市場の開放策の一環でもあります。公共施設等の民営化や運営権の売買、入札のデジタル化も、TPP や日欧 EPA に書き込まれた政府調達や国有企業条項との整合性を図るものであることに留意しなければなりません。[31] 今後、日米 FTA 交渉が具体化されるならば、グローバル企業によるさらに大きな動きが、地方自治体のあり方に影響を与えることになると考えられます。

3　「デジタルファースト」法と「スマート自治体」づくり

(1)　「デジタルファースト」法の制定

　2019 年 5 月 24 日に、財界が要求していたデジタルファースト法が、参院本会議で可決成立しました。同法は、マイナンバー法と公的個人認証法、住民基本台帳法などを一括改正したものです。同法は、内閣官房の下で、①手続きを IT（情報技術）で処理する「デジ

30　共同通信、2018 年 11 月 29 日配信記事より。
31　詳しくは、岡田知弘他『地域と自治体第 38 集　TPP・FTA と公共政策の変質　問われる国民主権、地方自治、公共サービス』自治体研究社、2017 年を参照。

タルファースト」、②同一の情報提供は求めない「ワンスオンリー」、③手続きを一度に済ます「ワンストップ」という３つの原則を柱に、法制化したものです。この法改正によって、どのようなことになるのでしょうか。

　例えば、『日本経済新聞』は、「引っ越しをする際、ネットで住民票の移転手続きの準備をすると、その情報を基に電気やガス、水道の契約変更もできるようにする。19年度から実施する。相続や死亡の申請もネットで完結させる。20年度からは法人設立の負担も軽くする。登記事項証明書の添付の手間をなくし、ネットで申請できるようにする。法務局に出向いて同証明書を取得し、書類を複数の窓口に示す手間を省く。マイナンバーの個人番号を知らせる紙製の『通知カード』は廃止する。交付から約３年がたったが、通知カードを証明書類代わりに使う例が目立っていた。政府は18年に閣議決定した経済財政運営の基本方針（骨太の方針）に行政手続きのデジタル化の推進を盛り込んでいた。行政手続きの電子化にはマイナンバーカードの活用が欠かせないが、普及率は１割にとどまる。法改正でICチップの付いたマイナンバーカードの普及を進める」と報じています（同紙、2019年５月24日付）。

　要するに、住民にとって便利になるということを言いながら、普及していないマイナンバーカードを強制的に普及し、保険だけでなく、各種マネーカード等とも結合することで、ビジネスチャンスを広げるということのようです。そして、このような「デジタルファースト」を進めるためには、窓口である地方自治体のデジタル技術を活用した業務改革（BPR）が必要不可欠となるという論法です。

⑵　「スマート自治体」づくり

　では、具体的に、どのように業務改革を行うのか。これについては、すでに2018年９月から総務省の下に「地方自治体における業

務プロセス・システムの標準化及び AI・ロボティクスの活用に関する研究会」という長い名前の研究会で検討されていました。同研究会は、自ら「スマート自治体研究会」という略称を使っています。同研究会は、2019 年 5 月に最終報告書をまとめます。その副題は、「『Society 5.0 時代の地方』を実現するスマート自治体への転換」となっており、やはり「Society 5.0」を合言葉に、それに対応した自治体への転換を求める内容となっています。[32]

　その概要は、図 4-1 の通りです。3 つの原則で「スマート自治体」への移行をすべきだとしています。3 原則とは、①「行政手続きを紙から電子へ」、②「行政アプリケーションを自前調達式からサービス利用式へ」、③「自治体もベンダも、守りの分野から攻めの分野へ」というもので、具体的方策として、①業務プロセスの標準化、②システムの標準化、③AI・RPA 等の ICT 活用普及促進、④電子化・ペーパーレス化、データ形式の標準化、⑤データ項目・記載項目、様式・帳票の標準化、⑥セキュリティ等を考慮したシステム・AI 等のサービス利用、⑦人材面の方策（外部人材の単独または複数自治体での活用）をあげています。

　そして、何よりも、このような業務改革を〈今の仕事を前提にした「改築方式」でなく、仕事の仕方を抜本的に見直す「引っ越し方式」が必要〉だとしている点が目立ちます。つまり、これまでのような行政改革や業務改革の考え方ではなく、一気に変えて「引っ越し」すべきだというのです。

　実は、公共サービス分野における、個別の AI の活用推進策は、すでに開始されていました。2018 年 6 月、総務省は「業務改革モデルプロジェクトに係る事業委託団体」として掛川市をはじめ 7 自治体

32　総務省ホームページ、http://www.soumu.go.jp/main_content/000624721.pdf を参照（2019 年 7 月 9 日アクセス）。

図4-1 スマート自治体研究会報告書〜「Society5.0時代の地方」を実現するスマート自治体への転換〜概要

2019年5月

| 背景 | 生産年齢人口減少による労働力の供給制約 | Society 5.0（超スマート社会）における技術発展の加速化 |

問題意識
- ▶行政の質に関係ないシステムのカスタマイズ（重複投資）⇒住民・企業の不便さ、自治体・ベンダの人的・財政的負担
- ▶世界のスピードに間に合うため、デジタル社会に向けて社会制度の最適化が必要

今の仕事を前提にした「改築方式」でなく、
仕事の仕方を抜本的に見直す「引っ越し方式」が必要

方策

原則① 行政手続を紙から電子へ
原則② 行政アプリケーションを自前調達式からサービス利用式へ
原則③ 自治体もベンダも、守りの分野から攻めの分野へ

〔具体的方策〕
①業務プロセスの標準化：類似自治体間でBPRをし、最善の方式に標準化。細かいプロセスは標準システムに合わせる。
②システムの標準化：自治体、ベンダ、所管府省がコミットし、個別行政分野のシステムの標準仕様書を作成。住民記録システムを最優先、税務・福祉分野も優先。ベンダが標準準拠システムを提供し、自治体は更新時期を踏まえ導入。
③AI・RPA等のICT活用普及促進：システム標準化や電子化等を通じ、安価に共同利用できる環境を整備。今後AI技術の活用可能性がある数値予測等は、自治体、企業、各府省が検討。直ちに導入可能なものは自治体は他団体を参考に導入、国は周知・財政支援。
④電子化・ペーパーレス化、データ形式の標準化：デジタル手続法案等を踏まえた政府・自治体での抜本的な電子化。
⑤データ項目・記載項目、様式・帳票の標準化：標準化のニーズを勘案し、実態に即し標準化。省令等やシステム標準仕様書において標準様式、帳票を設定。
⑥セキュリティ等を考慮したシステム・AI等のサービス利用：外部接続に関するセキュリティポリシー等を遵守し、条例上のオンライン結合制限の見直し等により、LGWAN-ASP（自治体専用ネットワーク上のサービス）等を活用。
⑦人材面の方策：首長、議員から一般職員まで、職責に応じたICTリテラシーを習得。専門性の高い外部人材を単独又は複数自治体で活用。都道府県や指定都市・中核市等も各自治体を支援。

目指すべき姿

「スマート自治体」の実現
✓人口減少が深刻化しても、自治体が持続可能な形で行政サービスを提供し続け、住民福祉の水準維持
✓職員を事務作業から解放⇒職員は、職員でなければできない、より価値のある業務に注力
✓ベテラン職員の経験をAI等に蓄積・代替⇒団体の規模・能力や職員の経験年数に関わらず、ミスなく事務処理を行う

出所：「地方自治体における業務プロセス・システムの標準化及びAI・ロボティクスの活用に関する研究会」資料

を指定し、8000万円の予算を投下しています。同事業は、「民間企業の協力のもとBPRの手法を活用しながら、ICT化・オープン化・アウトソーシングなど」を推進する自治体を支援するというものです。いずれの自治体も、窓口業務や保育所の入所選考手続きにおけるAIの活用を事業内容として盛り込んでいました[33]。

(3) 民間企業の手法による公共サービスの「業務改革」の
　　落とし穴

　では、そもそも民間企業における業務改革（BPR）を公共分野に適用することは、期待される効果があるのでしょうか。そこには、何の問題もないのでしょうか。この点については、総務省の委託調査で2010年に三菱UFJリサーチ＆コンサルティングがまとめた『民間企業等における効率化方策等（業務改革（BPR））の国の行政組織への導入に関する調査研究』と題する興味深い調査報告書があります[34]。これは、政府機能の改革のために、民間の優れた経営手法から学ぶ必要があるとして、大手企業及び地方自治体にヒアリングした結果をもとに提言したレポートです。同書によれば、もともとBPRは、バブル崩壊後の企業のリストラクチャリング手法として開発された考え方です。従来の複雑な分業を再構築し、ビジネスプロセスの単純化を図り、企業の収益増加につなげていくというものです。

　それゆえに①トップダウン的なアプローチがなされ、②コストや人員削減など、定量的な目標を設定することで、大きく改革が進むことはあるが、組織全体が疲弊してしまい、サービスの質の向上や顧客満足度の向上といったことにつながっていないケースもあるという問題指摘がなされているのです。それに基づいて、同報告書で

33　総務省ホームページ http://www.soumu.go.jp/menu_news/s-news/01gyosei04_02000066.html、による（2019年5月2日アクセス）。

34　総務省ホームページ、http://www.soumu.go.jp/main_sosiki/gyoukan/chousa.html、参照（2016年9月1日アクセス）。

は、「トップダウンが強すぎると現場が考えなくなったり、形式的な取組みに陥りがちであることが指摘された」のでトップダウンとボトムアップ双方のアプローチが必要であるとか、「業務改革を実施する上で、アウトソーシングは有効な手段であるが、逆に、一旦アウトソースした機能やリソースを集約・内製化することにより、効率化やサービスの質の向上を図ったり、集権化を進めてガバナンスを強化したりすることも成果を上げるためには重要な手段である」といった提案もなされています。

　これらの指摘は、民間企業の経営手法を公的サービスに適用することの問題の一端を示しているといえます。第一に、国と地方自治体との間にトップダウン的な関係性を持ち込むことは、憲法に定める地方自治の原則に反するということです。第二に、公務公共サービスについて見るならば、サービスを享受する国民や住民は「顧客」ではなく、国や地方自治体の主権者です。これが民間企業との決定的な違いであり、これを無視した議論は根本的に誤っているといえます。第三に、行政組織のなかでの業務改善そのものは常に行われるべきものですが、その目標をコストや人員削減、効率性といったKPIで測定し、その成果を一律的に国の指標によって比較評価するならば、組織全体が疲弊するだけでなく、地方自治体の本来のミッションである住民福祉の向上に反することになるということです。

(4)　AIと「シェアリングエコノミー」の活用

　「自治体戦略2040構想」では、AIやロボティクスの活用で、現在の半分の公務員数でやっていける自治体をつくるとする一方、福祉の現場などでITを活用した「シェアリングエコノミー」が使える環境整備を行うとしています。「シェアリング」というと、「共同」のイメージが前面にでてきて聞こえがいい言葉ですが、発祥の地のアメリカでは、「ギグ・エコノミー」という言葉が使われているそうで

す。ここでいう「ギグ」とは、「ギグセッション」から来ている言葉で、これはアメリカの飲食店で、例えば、たまたまそこに居合わせた演奏家が一度限りのジャズバンドをつくり演奏することを「ギグセッション」というそうで、そこから派生した言葉だそうです。例えばウーバーのシェアカーや Airbnb（エアビーアンドビー）の民泊は、その場限りで提供可能な自動車や部屋を Web 上に登録し、それを利用者が見つけて、契約し利用するシステムです。こうしたことを、ハード面＝公共施設、ソフト面＝各種サービスを横断し、さらに個人情報とも結合して、公共分野で拡大しようというのが、現時点での「公共サービスの産業化」政策のポイントのひとつになってきています。

　雑誌『経済』の 2018 年 9 月号で「『シェア・エコノミー』とは何か」という特集を組んでいます。この特集に先ほどのギグエコノミーに触れた論文があります。もともと、シェアビジネスで働く人々には雇用関係はありません。つまり、「ギグエコノミー」では、すべて個人事業主扱いで請負契約という形式を持ちます。けれどもそれが先行しているアメリカでは、極めて所得水準が低いという問題がすでに表面化しています。働き手の方は、できたら正規の仕事に就きたいという要求も強いそうです。したがって、決して健全に発展してきている成長分野ではありません。

　かつサービスの質の問題があります。系統的にその仕事をしていて、相手方を熟知しているわけではありませんので、プライバシー情報の漏出リスクという問題もあります。個人情報をどう保護するかという問題が公務においては特に重要です。これに対するチェックが効かないわけです。しかもマイナンバーをさまざまな金融商品とか、健康チェック、あるいは交通機関に乗るときの割引などと連動させるわけです。これは個人情報が民間企業に流れることと同じ

です。要するに商売のネタにしていくということです。これを公共側がすすんでやって良いものなのか。しかも、現場から離れた所でわずかの公務員でチェックしようとしても、現場の現実を知りませんので、一度、市場に任せたら住民のためのコントロール手段が無くなってしまいます。「ギグエコノミー」を公共サービス分野に持ち込むと、参入企業は私的利益を確実なものにしますが、請負契約をした事業主（フリーランス）は労働法上の保護もされずに、今以上に「官製ワーキングプア」が増えます。さらに公共サービスの質の低下や個人情報の流出の危険性が高まるということであり、公務員は全体の奉仕者であるという憲法上の規定に反する大問題になる可能性があります。

　では、AIで、公務員の数を減らすことは妥当なことなのでしょうか。東大ロボットプロジェクトを率いるAI研究者の新井紀子は、本来の意味でのAIは人間社会には登場していないとして、現在、センセーショナルに喧伝されている「AIで人間の仕事は奪われる」という言い方を痛烈に批判しています。[35]新井によれば、現段階のAIは、四則演算を高速でおこなうコンピュータにすぎないからです。もてはやされている「ディープラーニング（深層学習）」も、統計学的手法も、おのずから限界があります。そのうち最大の弱点が、文章の意味がわからないことです。つまり、AIは、高度な読解力・常識・人間らしい柔軟な判断が必要な分野は、不得意だといいます。とりわけ、データの蓄積が少ない分野や、コミュニケーションが重要な分野では、結論を導き出すことはできないのです。

　確かに大量のデータがある場合、即座に分類したり、パターン化した質問に答える回答を準備することはできますが、それ以外の質問なり疑問については、丁寧に話を聞き、解きほぐして、必要な情

35　新井紀子『AI vs. 教科書が読めない子どもたち』東洋経済新報社、2018年。

報を提供したり、あるいは直接コミュニケーションを図ることは不得意なのです。しかも、ある情報を入力して、特定の結論を論理的に導き出すこともできません。しかも、感情はありませんので、愛情を含めた意思決定ができません。

　例えば、現在、需要が増えている福祉の現場や災害現場において、AIは人間の仕事に代わることはできないわけです。それ以外の公務の職場においても、黒田兼一が指摘するように、「AIが公務労働を担うのではなく、公務労働の補助をしているにすぎない」うえ、「AIには意志や愛はないのですから、地方自治の本旨をもってAIを使えるのは、AIの設計者でもなければ、システム提供会社でもありません。現場の一人ひとりの職員の知識と行動しかありえません」[36]。

　政府は、AI導入に合わせた公務員の削減とともに、「働き方改革」の一環としての「会計年度任用職員制度」や、窓口業務等を含む行政サービスの民間企業への丸投げを進める「包括委託制度」を導入しつつあります。いずれも、正規の公務員数を減らすことにつながるものですが、日本の公務員数は、先進国のなかでも、異常に少ない状況であること見ておく必要があります。人事院が作成した図4－2で人口千人当たり公務員数（国・地方合計）を見ると、フランスで89.5人、イギリスで69.2人、アメリカで64.1人、ドイツで59.7人ですが、日本はこれらの中で最低の36.7人にすぎません（アメリカのみ2013年、他は2016年[37]）。小泉構造改革以来の、自民党政権と民主党政権による公務員削減政策の結果、ここまで減少し、その代わりに派遣労働や非正規労働者、官製ワーキングプアが増えたのです。そして、非正規労働者の一部を「会計年度任用職員制度」にすることで、他の多くの非正規労働者の雇止めをしたり、相変わらず1年雇

36　黒田兼一「AIの進展と公務労働」『住民と自治』2019年4月号、参照。
37　人事院ホームページ https://www.jinji.go.jp/pamfu/profeel/03_kazu.pdf を参照（2019年7月9日アクセス）。

図4-2　人口千人当たりの公的部門における職員数の国際比較

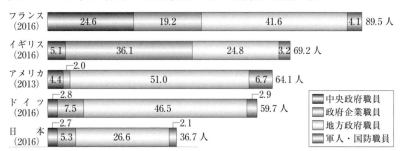

注：1　本資料は、各国の統計データ等を基に便宜上整理したものであり、各国の公務員制度の差異等（中央政府・地方公共団体の事業範囲、政府企業の範囲等）については考慮していない。また政府企業等職員には公務員以外の身分の者も含んでいる場合がある。
　　2　国名下の（ ）は、データ年度を示す。
　　3　合計は、四捨五入の関係で一致しない場合がある。
　　4　日本の「政府企業職員」には、独立行政法人、国立大学法人、大学共同利用機関法人、特殊法人の職員を計上している。
　　5　日本の数値において、国立大学法人、大学共同利用機関法人、特殊法人及び軍人・国防職員以外は、非常勤職員を含む。
出所：人事院ホームページ（https://www.jinji.go.jp/pamfu/profeel/03_kazu.pdf）

用契約での不安定な雇用関係を続けようとしています。そこで、各地で雇用問題が生まれてきていますが、この点については後述したいと思います。

　ここで重要な点は、正規の公務員数を削減しながら、その代わりにAIなど情報技術やネットワークに多額の投資をする一方、様々な非正規雇用形態、1年刻みの「有期雇用」、派遣労働、新たな官製ワーキングプアと懸念される公務系フリーランス（シェアビジネス）、そして民間企業からの出向職員など、多様な雇用・契約形態が増加している点です。それらは、明らかにIT系企業や人材派遣企業の「経済成長」の糧になっていることです。

　そうなると、主権者としての住民の視点から見るならば、「公共サービスの質」が問われてきます。そもそも「公共性とはいったい何なのか」、「公務労働とはいったい何なのか」、あるいは「地方自治体

というのは何なんだ」という根源的な問題にまで立ち返ることになります。これに対して、とくに公務員の労働組合は、正面から受けて立ち、「公共性とは、こういうことなんだ」あるいは「公務労働とはこういうものだ」、「地方自治体とはこういうものなんだ」と明確に言わなければいけない段階に入ってきているといえます。

　そうすることで、自分たちの身分と地位を守ることに留まらず、地方自治体の責務である住民の基本的人権を守り、福祉の向上を実現し、住民の幸福につながるのです。こういうことを、自分たちの言葉で、各地域の職場の言葉で語って、住民の皆さんに知らせていく。企業の儲けを第一にする仕事ではなく、住民の福祉向上を第一にした現代的な公務労働の必要性を明確に掲げることが、今、必要ではないでしょうか。

(5)　AI・ビッグデータと基本的人権・民主主義

　大阪の G20 の会議の際に、安倍首相は日本主導の「データ流通のルール」づくりに力を入れました。これは、中国やアメリカなどとの国際的なビッグデータ流通競争に後れを取っている日本の ICT 業界の利益を考えてのことだといえます。大規模な個人情報の収集と活用を、人権思想が不十分な中で国家主義的な手法で行っている中国と伍することを考えているようです。

　おそらく、その際に、もっとも手っ取り早いことは、地方自治体をはじめとする公的機関が有するビッグデータの活用とその民間活用を推進することだと考えているのでしょう。そのために、「公共サービスの産業化」や「デジタル・ガバメント」という言葉を使いながら、政府は、未成熟な AI や ICT 技術を、デジタルファースト法を制定することで公共サービス分野に半ば強制的に導入しつつあるという構図です。基本的人権の基礎要件である私たちの個人情報の保護を保障することなく、あくまでも AI 等による「経済成長」を

優先しているようです。

　しかし、公的機関からの個人情報の漏洩事件は頻繁に起こっています。とりわけ、マイナンバー情報の流出事件は、問題です。経済取引や保険、あるいは図書利用状況も含めて、いったん流出すれば、個人の基本的人権は大量かつ一気に失われ、それが回復することは期待できません。それは、放射性廃棄物の処理・処分過程の技術の確立なしに、短期的な「経済性」とアメリカと原子力産業、電力産業の後押しですすめた原発推進策とよく似ているともいえます。当時、原発は、「トイレ無きマンション」と言われました。

　ちなみに、EU では、2018 年 5 月に個人情報保護ルール「一般データ保護規則（GDPR）」が施行されました。グーグルやフェイスブックなどによる、国境を越えた個人情報の乱用に対して、規制を加えることが目的であり、「データ時代の人権宣言」（山本龍彦慶応大学教授）とも言われています。同規則は、個人情報を集める際に、ユーザーに対して明確な説明を求めたり、企業に対して自分のデータの完全削除を請求できる「忘れられる権利」や、自由にデータを移せる「持ち運び権」を定めています。違反すれば、罰則規定もあり、すでにフランス政府は、グーグルに対して 5000 万ユーロの制裁金を課していますし、ポルトガル政府は同国の病院の患者データの不適切な取扱いを問題にしていると伝えられています。しかも、日本の主要企業で、この EU 規則をクリアしているのは全体の 55% に過ぎないと、報じられているのです（『日本経済新聞』2019 年 5 月 25 日）。

　日本では、民間企業の個人情報管理は安全だという認識の下に、国や地方自治体が情報技術やあるいはビッグデータの管理を、「専門」の業者にアウトソーシングすることを推進していますが、これは極めて疑わしいということです。上記の記事だけでなく、2019 年 7 月に起きた、小売業大手のセブン＆アイ・ホールディングスの子

第 4 章 「公共サービスの産業化」政策と「自治体戦略 2040 構想」 *93*

会社によるモバイル決済サービス「7pay」での不正ログイン被害は、日本の大企業における個人情報管理システムに対する認識の低さと技術的脆弱性を如実に示しているといえます。

　一方、AI やビッグデータは、為政者にとっては、業務改革による人員削減や作業の「効率化」という側面だけでなく、国民統治と社会的分断の手段として役に立つものであることを知っておく必要があります。アメリカで数学の大学教授を辞して、金融データ分析のプロとして民間企業に就職し、リーマンショックで金融工学の落とし穴を体験したキャシー・オニールというデータサイエンティストがいます。彼女が書いた本が 2016 年数々の賞を受賞しました。その日本語訳『あなたを支配し、社会を破壊する、AI・ビッグデータの罠』（インターシフト、2018 年）は必読書です。

　彼女は、AI をはじめとするアプリケーションのモデルを作成する際に、作り手が善意で取り組んだとしても、「作り手の先入観、誤解、バイアス（偏見）はソフトウェアのコードに入り込むものだ」と自戒を込めて書いています。それらを含んだアルゴリズムの仕組みを知るのは、最高指導者の数学者やデータサイエンティストぐらいであり、その仕組みは不透明であり、一般の人々はその「神」のような存在にコントロールされて動くことになるとしています。そして、そのなかの「有害なモデル」が時として、暴走し、彼女が「数学的破壊兵器」と呼ぶような大規模な人権侵害、社会的分断、そして民主主義の侵害を生み出すと警告しています。

　例えば、カードの信用格付けが落ちれば、ローンだけでなく就職の際に不利になる、企業が個人の健康情報を掌握し報酬に結び付ける、選挙では有権者の個人情報をもとに有権者を選別し一部の有権者だけを重要視して民主主義の土台を破壊する。さらに、データによる評価が、公的機関が介在しながら、経済活動だけでなく、教育、

医療、福祉を含むあらゆる分野でなされることで、働き手も、サービスの受け手も、その評価の「アルゴリズム」で高い評価を得られるように行動する、という事態が指摘されています。

　これはアメリカの話ではありますが、日本でもすでに一部で同じことが起きているといえます。AIやビッグデータの活用を民主主義的に監視、管理する制度が必要不可欠になっているといえます。地方自治体では、個人情報の保護を含む住民の利益を最優先し、自治体労働者のなかでの議論を踏まえて、自治体の団体自治を尊重した情報技術の活用が求められているといえます。

第5章 「グローバル国家」型構造改革が
日本の地域を破壊している

1 「地方創生」は、なぜ、うまくいかないのか

(1) 「選択と集中」政策と地域の持続的発展を検証する

ここまで、1990年代半ば以降の財界による「国のかたち」だけでなく、国と地方にわたる「公共サービスの産業化」要求が、どのような狙いと内容によって、政権によって具体化され、展開されてきたかを見てきました。また、個別の政策が生み出す問題や、今後予想される課題についても言及してきました。

そこでは、「選択と集中」という新自由主義的な考え方で、地方自治体の合併、コンパクトシティ建設、そして国家戦略特区による特定企業への支援がなされ、それによって地域が「活性化」すると言われてきました。2014年秋からの「地方創生」も、連携中枢都市圏の中枢都市を核として行政機能、経済機能、福祉医療機能を中心市街地に集中させ、コンパクトシティをつくる、あるいは国家戦略特区制度を活用するという形で推進されてきました。では、その結果、地域は再生したのでしょうか。あるいは、政府が「地方創生」の基本方針に掲げたように、人口減少や東京への一極集中から脱却することができたのでしょうか。冒頭でも述べたように、東京一極集中に歯止めがかかっていないことは、政府が設置した〈第2期「まち・ひと・しごと創生総合戦略」策定に関する有識者会議〉の「中間とりまとめ報告書」も認めていることです。

ここでは、なぜ、これまでの「選択と集中」の考え方に基づく新自由主義的な地方政策が個々の地域経済及び地域社会の持続的発展につながらなかったのか、言い換えれば、政府のいう「Society 3.0

〜4.0」段階において、何が日本の地域の持続的発展＝SDGs を破壊してきたのかを探ってみたいと思います。そのことが明らかにされることで、本来のあるべき SDGs が達成できる日本や地域のあり方も展望できると考えるからです。まずは、総論的に「地方創生」について、検証していきましょう。

(2)「地方創生」政策自体が孕む矛盾

「地方創生」政策は、それ自体、重要な矛盾を孕んでいます。第一に、そもそも現状の地域経済の衰退は、野放図なグローバル化と構造改革政策に起因するものです。[38] 地域の再生と地域産業を一層破壊する TPP 推進策とは根本的に矛盾します。安倍政権は、TPP 交渉から米国が抜けたあとも、TPP 11 の締結に執念を燃やし、これを 2018 年 12 月に発効させたうえ、19 年 2 月には EU との経済連携協定（EPA）も発効させており、地域産業への打撃は一層大きくなると予想されます。[39] EU との EPA では、農林水産物、その加工品も含めて、TPP 以上の市場開放を前倒しで行う約束をしています。例えばワインは、TPP では 8 年後に撤廃するとしていましたが、日欧 EPA では何と即時撤廃となり、場合によっては 1 本 100 円台のものが本場の欧州から入ってきます。ブドウ農家やワイナリーからみたら、とんでもない国による経営条件の破壊です。さらに肉、畜産品、チーズ系も、北海道や九州の基盤産業ですが、自動車関税撤廃との取引材料として、関税を前倒しで撤廃することを約束しました。公共サービスに関しても、日欧 EPA では、中核市に関しても建設工事以外の物品及びサービス発注は、EU 企業にも門戸を開くことを認めてしまったわけです。TPP では、WTO 並みということで、都道府県と政令市のみが対象でした。さらに、進出企業に対して地元

38　岡田知弘「グローバル化と地域経済の変貌―『地方創生』政策で深まる矛盾」『経済』2016 年 11 月号を参照。

39　詳しくは、前掲『地域と自治体第 38 集　TPP・FTA と公共政策の変質』を参照。

から調達することを求めるローカルコンテンツ（現地調達）規制もやってはいけないとされ、多国籍企業にとって活動しやすい自治体のあり方に変えられようとしています。今後、日米FTAの交渉が本格化しますが、アメリカ政府はTPP11や日欧EPA以上の開放を求めてくることは、目に見えています。そうなると、地域経済への打撃は、さらに大きくなるといえます。

　第二に、増田レポートでは、そもそも、なぜ現代日本で少子化が急速に進行しているのか、なぜ日本列島で人口減少地域が広がっているのかについての構造的な分析はなされていません。例えば、若年層が結婚できないのは、「社会経済的な理由等」によるものと表現しているに過ぎません。つまり、科学的な原因分析なしに、これまで通りの「選択と集中」や新自由主義的な経済政策をすすめるべきだという処方箋を書いているのです。けれども、「少子化」・人口減少問題は、派遣労働者の拡大政策による青年の非正規雇用化と低賃金によって生じているといえます。日本の人口は、2008年をピークに人口減少局面に入りました。すでに前年から、人口の「自然減」を示しており、死亡数が出生数を上回る事態が続いています。財界や政府は、この現象を「少子高齢化」と表現し、あたかも自然現象のように捉える言説も多くあります。けれども、「少子化」と「高齢化」は、異なる要因に基づく現象です。「高齢化」は医療や福祉の前進によって生み出された現象であるのに対して、「少子化」は若年層をめぐる「社会経済的な理由」に基づく現象であるといえます。

　子どもをつくり育てるためには、当然、結婚し、住宅に住み、保育料を支払える所得と、それを安定的に保障する就業機会が必要です。人口の「自然減」局面が現出した2007年頃、若者はどのような状態に置かれていたのでしょうか。第一に、2005年国勢調査の完全失業率は全年齢層平均で6.0％に上昇したが（2000年は4.7％）、20

歳代前半の完全失業率は男性で12％、女性で9％に達していました。第二に、就業機会があったとしても不安定な非正規雇用でした。2007年の総務省「就業構造基本調査」によると、正規雇用比率は15～19歳で28.2％、20～24歳で56.8％にまで低下していました。同調査によると、20歳代の男性正社員では51％が既婚でしたが、非正規雇用では17％に過ぎませんでした。

このような若年層における「格差と貧困」の拡大は、小泉構造改革によるところが大きいといえます。とりわけ規制緩和による派遣労働者の増大は、「ワーキングプア」と呼ばれる社会問題を生み出し、それが第一次安倍政権の際に一大問題になり、内閣崩壊の一因となったのです。ちなみに、2006年には、年収200万円未満の勤労者が全体の4分の1を超えていました（国税庁「民間給与実態統計調査」2006年版）。しかも、構造改革の一環としての行政サービスの市場化・民間化は、保育園にも拡大され、営利目的の企業も採算があうレベルまで保育料の引上げもなされました。このような構造改革を求めたのは、すでに見たように「グローバル国家」を提唱してきた日本経団連等の財界団体でした。

表5-1　年収別・雇用形態別既婚率

（単位：％）

	男　性		女　性	
	20代	30代	20代	30代
合　計　平　均	18.9	23.3	24.4	30.0
300万円未満	8.7	9.3	25.7	35.7
300～400万円未満	25.7	26.5	16.2	17.1
400～500万円未満	36.5	29.4	22.7	20.0
500～600万円未満	39.2	35.3	32.9	23.0
600万円以上	29.7	37.6	34.0	16.3
正　規　雇　用	25.5	29.3	8.8	15.5
非正規雇用	4.1	5.6	16.9	18.1

出所：内閣府「平成22年度結婚・家族形成に関する調査報告書」

表5-1は、総務省が2010年度に実施した調査の結果です。年収別、雇用形態別既婚率を、20～30歳代で比較しているものです。全体の既婚率は、女性よりも男性の方が低く、30歳代男性でも23.3％に留まっています。女性については、既婚者の無収入・非正規雇用就業が比較的多いた

め、男性とはやや異なった傾向にありますが、基本的に年収が多い
ほど既婚率が高いといえます。しかし、決定的な問題は、男性の300
万円未満年収層の既婚率が1ケタである点です。これは、非正規雇
用の既婚率が30歳代でも5%台に留まっていることと対応していま
す。低所得の不安定就業状態は、長時間労働を強制し、「ブラック
企業」の下で肉体的精神的な不健康状態をつくりだします。つまり、
若年層の就業機会の安定化と所得向上なしには、子どもをつくる大
前提である結婚も不可能なわけです。

　ところが第二次安倍政権下の2015年秋の安保国会においてグロー
バル企業の「稼ぐ力」を強化するために、労働者派遣法の改悪がな
され、さらなる派遣労働の拡大に道を開いたわけです。これは、「少
子化」問題をさらに推進し、「地方創生」の基本目標に反するものに
ほかなりません。

　第三に、東京に本社をおく大企業のほとんどが、地方への「本社
機能」移転には否定的であることです。経団連の調査（2015年9月）
によれば、将来的に本社機能を移転する可能性があると回答した企
業比率は、東京に本社のある幹事企業の僅か7.5%にすぎませんで
した。[40]

　「地方創生」で主として潤うのは、規制緩和やPPP、PFIで参入
する大企業や多国籍企業であり、地元の中小企業や農家ではありま
せん。その典型が、「国家戦略特区」です。この点については、節を
改めて、検討してみたいと思います。

　第四に、2016年2月29日に、第31次地方制度調査会答申がまと
まりました。結局、答申文のなかには、官邸が期待した「道州制」
の文言は入りませんでした。答申では、市町村連携の活用を強調し、

40　日本経済団体連合会「本社機能の地方移転に関する緊急アンケート　調査結果」（2015年9月15
　日）https://www.keidanren.or.jp/policy/2015/079a.pdf、参照。

前述したように連携中枢都市圏の対象範囲の拡大や定住自立圏の活用、県の補完を盛り込むことに留まりました。これは、道州制導入に伴うさらなる市町村合併に対して全国町村会、町村議長会から猛烈な反発があったからです。それを裏付けるように、合併を推進した西尾勝地方制度調査会元会長が、国会で「平成の大合併は惨憺たる結果」と証言したのです（『参議院　国の統治機構に関する調査会会議録』第一号、2015 年 3 月 4 日）。

第五に、何よりも、これまでの構造改革や「選択と集中」による地方制度改革を通して、「住み続けることができない地域」が広がっている点です。自然災害が続発するなかで、仮に人口 20 万人以上の中心都市に行政投資や人口を集めた場合、国土面積の 9 割を占めている人口小規模自治体に対する行政投資が減少し、災害リスクを高めることは明白です。

(3) 「地方創生」政策運用をめぐる矛盾

これまでの「地方分権」の流れに逆行する、政府による中央集権的な手法と地方自治への介入がなされていることも問題です。それは、財政誘導による数値目標（KPI）、施策メニューの押し付け、国家公務員、民間「専門家」の地方自治体への人的派遣、ビックデータの活用強制（マイナンバーも含む）と情報一元化による自治体行政把握に象徴されます。また、本来、長期的総合的に取り組むべき地域づくりについて、トップダウン的に人口目標や各種 KPI の設定を地方自治体に半ば強制し、短期的成果を求めることに表れています。

このような形での地方自治の形骸化、空洞化は許されるものではありません。しかも、地域づくりには住民の合意が不可欠であり長期の時間が必要であるにもかかわらず、5 年の PDCA サイクルで国が評価し、トップランナー方式の交付金制度が導入されました。このような国によるトップダウン的な政策手法は、地方自治体の職員

を疲弊させています。多くの地方自治体関係者から不満や不安の声があがるのは当然のことです。そして、実際にも、前述したように、地方における地域経済の発展を促すどころか、むしろそれを抑える役割を果たしているといえます。

2 「圏域行政」の究極の姿＝市町村合併の帰結

(1) 「平成の大合併」は、いかに進められたか[41]

　近代社会になって以降、日本では３度に及ぶ国主導の基礎自治体の再編が行われました。最初が「明治の大合併」であり、近代国家の行政の末端機構をつくるために統治機構整備の一環として推進されました。次が「昭和の大合併」であり、戦後憲法と地方自治法の施行、さらに６・３制の教育改革のなかで中学校の建設と運営が必要となり、人口7000〜8000人規模の市町村が最低規模とみなされました。1953年から３年の期限を切って政府が強力に推進し、市町村数を３分の１に集約したものです。それから、ほぼ半世紀を経て、1999年市町村合併特例法が制定され（2004年度末までの時限立法）、「平成の大合併」が始動しました。

　市町村合併特例法制定直後の2000年には、3232市町村を1000に集約する方針が閣議決定されます。しかし、当初はほとんど進まず、2001年発足の小泉純一郎内閣の下で、財政面での「アメ」と「ムチ」を活用し、強力に合併政策が推進されることになりました。

　この結果、2004年４月１日に3100となった市町村は、１年後の2005年４月１日には2395に、さらに特例期限を１年延長した結果05年度末には1821となりました。その後、「平成の大合併」は、合併新法の下で５年間延長した形で推進され、2010年３月末日の市町

41　詳しくは、横山壽一・武田公子・竹味能成・市原あかね・西村茂・岡田知弘・いしかわ自治体問題研究所編『平成合併を検証する―白山ろくの自治・産業・くらし』自治体研究社、2015年を参照。

村数は 1751 となります。しかし、第一次安倍政権の下に設置された第 29 次地方制度調査会は、2009 年 6 月に最終答申をまとめ、「平成11 年以来の全国的な合併推進運動については、現行合併特例法の期限である平成 22 年 3 月末までで一区切りとすることが適当である」と結論づけたのです。

同調査会では、当初、安倍首相が推進する道州制導入を視野に入れて、市町村の「更なる合併」を進めるべきだという官邸側の思惑がありました。しかし、委員の多くが「検証なき合併はすすめるべきではない」と発言し、政府が主導する「平成の大合併」は一旦終了することとなったのです。ただし、「一区切り」という表現にも見られるように、政治情勢次第では、自治体再編政策が再開される可能性も残されているといえます。

(2) 「平成の大合併」の推進論理と帰結

「平成の大合併」は、「地方分権改革」の一環として位置づけられ、橋本行政改革のなかで進められた中央省庁再編に合わせると同時に、地方交付税に代表される国による地方財政支出を削減することを目的としてすすめられました。

もう一つの推進主体として、経済団体連合会がありました。財界として、「グローバル国家」を目指して道州制導入をにらんだ自治体再編を、強く要求したことが背景にありました。ちなみに、同連合会は、2000 年 12 月に「地方行財政改革への新たな取組み」と題する文書を発表し、「中小規模の自治体における電子化への取組みの遅れとともに、地方自治体毎の煩瑣な許認可等の申請手続きや庁内の縦割り行政等が、効率的・合理的な企業活動の展開を阻害し、事業コストを押し上げ、グローバルな市場競争面での障害となっている」としていました。中小規模の自治体の分立が、巨大企業の経済活動にとって大きな障害であるという認識のもとに、市町村合併と

道州制を求めたのです。まさに、市町村及び都道府県の究極の「選択と集中」の姿であるといえます。

2001年4月に発足した小泉純一郎内閣は、それまで動きが鈍かった市町村合併をすすめるために、強力な推進体制を構築し、「アメとムチ」による露骨な合併推進政策を展開しました。市町村合併特例法では、地方交付税交付金の算定換え特例を設け、本来ならば合併してすぐに一本算定により削減される交付金を、10年間は合併前と同じ形で旧市町村ごとに算定したものを合算するとともに、残り5年かけて、一年に20％ずつ削減して、16年後に本来あるべき交付金額にすることとしました。また、公共事業を促すために、合併特例債の発行も認め、その7割相当分を後に国が措置するとしたのです。そのほか、議員の在任特例や各種補助金もつけました。他方で、人口小規模自治体ほど手厚く配分されていた地方交付税交付金の「段階補正」を、徐々に削減し、さらには「三位一体の改革」によって地方交付税の大幅削減を先行させ、人口小規模自治体に対する「ムチ」の政策を強化しました。

これに拍車をかけたのが、人口小規模自治体については、近隣自治体あるいは都道府県に行政権限を補完させ、「窓口町村」化するという西尾私案と自民党案の提起でした。その根底には、基礎的自治体は総合行政主体であらゆる行政サービスを提供しなければならないという考え方がありました。このため住民の生活領域や自治の領域よりも、「総合行政サービス」の財政効率性を最優先した行政領域や自治体間の補完関係を推進しようとしたのです。

西尾私案を提起した西尾勝東京大学名誉教授は、当時、第27次地方制度調査会副会長でした。これにより、それまで余り進展していなかった法定合併協議会の設立が一気に進み、2005年度末に時限切れを迎える合併特例法の特例認定が事実上1年延長されるとともに、

合併新法が 5 年期限で制定されるに及んで、2005 年前後に「かけこみ合併」が一斉に展開されることになったのです。

(3) 「平成の大合併」と基礎自治体の大規模化

「平成の大合併」によって市町村数は 10 年間にほぼ半減しましたが、全国的な合併反対運動の結果、政府が 2000 年の閣議で目標とした 1000 市町村への集約は実現しませんでした。とはいえ市町村数の減少は、基礎自治体の面積の拡大を意味しました。

ちなみに、「平成の大合併」によって、面積が 500km^2 を超える自治体が 205、うち 1000km^2 を超える自治体が 29 にも達しました。最大面積を有するのは岐阜県高山市で、実に香川県や大阪府よりも広く、東京都とほぼ同じ 2100km^2 に及びます。住民の生活領域をはるかに超える自治体の領域であるといえます。

住民にもっとも身近な基礎自治体の適切な範囲については、有名な 1963 年 3 月 27 日の最高裁判所判例があります。そこでは、「単に法律で地方公共団体として取り扱われているだけでは足らず、事実上住民が経済的文化的に密接な共同生活を営み、共同体意識をもっているという社会的基盤が存在し、沿革的にみても、また、現実の行政の上においても、相当程度の自主立法権、自主行政権、自主財政権等地方自治の基本的権能を附与された地域団体であることを必要とする」とされています。すなわち、事実上、住民が密接な共同生活のなかで、共同体意識をもっている範囲であるといえます。ところが、それをはるかに超える基礎自治体が多数誕生したわけです。それによる矛盾が広がるのは当然でした。

(4) 市町村合併で地域は活性化したのか

「平成の大合併」を推進するにあたり、小泉純一郎内閣は、2001 年の「骨太の方針」において、「『個性ある地方』の自立した発展と活性化を促進することが重要な課題である。このためすみやかな市

町村の再編を促進する」と述べていました。

　では、なぜ、市町村合併をすれば地域は活性化すると考えたのでしょうか。当時、総務省のホームページには、「より大きな市町村の誕生が、地域の存在感や『格』の向上と地域のイメージアップにつながり、企業の進出や若者の定着、重要プロジェクトの誘致が期待できます」と書かれていました。注目したいのは、文中の「存在感」、「格」、「イメージアップ」という言葉はすべて主観表現であり、最後は「期待できます」で終わっている点です。客観的に必ず活性化するとは、言い切っていませんでした。

　実際に、町村が合併して市になった場合、大きく変わる点は、福祉事務所を必ず置かねばならないこと、商工会議所を置くことができること、都市計画区域に市街化区域内農地がある場合、条例で措置しない限り自動的に宅地並み課税がかかること、くらいです。地域活性化につながりそうなのは、商工会議所の設置ですが、町村に置かれている商工会も商工会議所も、都道府県や市町村からの補助金で事務局体制も事業も運用されています。市町村合併によって将来的に交付金が削減されることはわかっているために、ほとんどの合併地域では商工会の合併や商工会議所の再編を伴いました。そうなると人員やサービスポイントの削減によって、商工業者の支援体制も弱体化することになるのは必然でした。

　このように、合併それ自体には地域活性化をもたらす要因は、もともと存在しません。そのために、あえて時限付の特例措置を財政的に行なうことが必要になったといえます。

(5)　周縁地域の衰退が顕著に

　合併した自治体の周縁部の衰退問題は、「平成の大合併」直後から各種の調査で指摘されてきたことです。例えば、総務省過疎対策室『市町村合併による過疎対策への影響と振興方策に関する調査報告

書』(2006年3月)によれば、合併で周辺地域となったところほど、地域社会崩壊の危機が高まっていることが、自治体担当者へのアンケートによって明らかになっています。具体的には、①過疎対策に関する行政対応力低下、住民サービス低下、②公共施設やインフラの整備・維持管理に支障、③地域コミュニティや集落等の各種機能・活動の低下、④市町村内における各区域間格差、住民意識格差等々が指摘され、周辺過疎地域の衰退が問題視されていました。総じて市町村合併によって周縁部となった過疎地域において、早くから広域合併の矛盾が集中して現れたといえます。

　私が関わった佐賀県唐津市での市町村合併に関わる住民アンケートでも、旧唐津市外から離れた周縁部の旧町村の住民ほど、合併に対する否定的評価が、肯定的評価をはるかに上回ることになりました。唐津市は、旧唐津市を中心に1市8町村が合併した新設市（2006年）で、面積487km²、人口12万人の自治体です。2008年夏に住民アンケートを実施し、旧市町村別に合併に対する全体的評価を尋ねたところ、「良かったと思う」と回答した比率は1割に過ぎず、「良くなかったと思う」比率が、旧唐津市内でも2割、旧町村部では5割に達したのです。市役所がある唐津市街地から遠隔の厳木地区や鎮西地区では実に6割を超える比率となりました。「良くなかった」点として多くの人が指摘していたのは、「周辺部の小さな町や村が軽視される」、「住民サービスが低下した」、「財政状況が悪化した」、「役所や議員が遠い存在となった」、「保育園や学校の統廃合計画が進んでいる」、「地域経済が衰退した」といった点でした。また、地域振興をはじめ各種行政サービスの後退と負担の増大、さらに役場が廃止された後に設置された支所機能や、地域審議会の権限の弱さに対して強い不満が表明されていたのです。[42]

42　地域循環型経済の再生・地域づくり研究会『地域循環型経済の再生・地域づくり研究会中間報告』

(6) なぜ、合併で地域は活性化しないのか

　では、なぜ、市町村合併で地域は活性化しないのでしょうか。市町村役場は、地域経済の一大投資主体であり、大規模な雇用を擁している経済組織でもあります。市町村合併は、この投資主体と雇用の場を、周縁部から奪い、中心部の市役所所在地に集中することを意味します。しかも、合併特例法による交付金算定換え特例の期限が切れれば、交付金額は急速に減額され、地域全体としても地域内再投資力が減退していくことになります。これまで役場と取引していたり、自治体職員の個人消費によって営業してきた地元建設業や小売業、飲食店、サービス業の存立基盤が失われていくわけです。とりわけ過疎地域の小規模自治体ほど地域経済に占める役場経済のウェイトは大きく、市町村合併による役場の喪失は地域の衰退に拍車をかけることになったわけです。

　しかも、交付金の削減は、行政職員の削減に直結しました。他方で、大規模自治体になるなかで、職員組織が縦割りとなり、旧町村役場が行なえたような地域横断的な政策連携が困難になります。さらに、旧役場の代わりに置かれた支所、サービスセンターには、行財政の決定権はなく、行財政サービスの窓口だけとなり、地域づくりや地域活動への支援だけでなく、地震や豪雨・土砂崩れによる災害対応も弱体化することになったのです。

　それだけではなく、自治体が補助金や人員を出していた農業委員会、商工会、社会福祉協議会など、地域産業や地域生活の支援組織の合併と人員削減も必然化します。さらに、自治体規模が大きくなると、周辺の過疎地域からの議員選出力も低下し、地域住民の声が行政に反映されにくくなるという事態も広がります。こうして、合併した自治体の周辺部だけでなく中心部でも人口減少が加速するこ

2008年。

とになります。

　大規模合併の結果、高山市（岐阜県）が約 2100km^2 で一番大きく、浜松市（静岡県）が約 1500km^2 で 2 番目に大きい自治体になりました。その浜松市の 2018 年の人口移動報告を見ると、静岡県内でもっとも日本人の転出超過数が多くなっています。経済のグローバル化のなかで、工場縮小などが起き、そこで人口減少していくという中心部の姿もありますが、北部の天竜区など合併して周縁部になったところで人口を最も減らしています。

　高山市を見ても、旧高根村が合併後、2005 年から 2018 年の間に人口が約半減しています。ここは野麦峠があるところで、飛騨のなかでも奥深いところです。高山市は、人口 10 万人という政府推奨の「適正規模」をつくるために合併し、2100km^2 になった自治体です。周縁部となった高根村では、役場がなくなって支所になり、小中学校が統合され、地元から消えました。子どもを持った若年層は、山を下りて市街地に移ったわけです。すると高根村で雪が積もっても、除雪をする担い手であった中堅・若手の公務員や住民などがいなくなり、高齢者が安心して冬を越せないことになり、村から大量に離れたといいます。こうして人口が一層減っていくことになりました。

　さらに、合併後 15 年以上経過した自治体においては、合併特例が終了し、特例債の債務償還と施設経費が重なり、財政危機が顕在化することになりました。この結果、合併推進の旗振り役であった西尾勝東大名誉教授ですら、前述したように、合併や三位一体の改革が地方を惨憺たる状況に追いやったと認めざるをなくなったのです（『参議院　国の統治機構に関する調査会会議録　第一号』2015 年 3 月 4 日）。

(7)　連携中枢都市圏への教訓

　以上のような合併の総括を政府として明確にしないまま、政府は、2014 年から中心都市と周辺町村の連携協約によって連携中枢都市圏

を構築し、中心都市に経済的機能、行政投資、行政機能を集中させる「コンパクトシティ」づくりを主軸にした「地方創生」政策を推進しつつあります。

　そして2018年夏に設置された第32次地方制度調査会において、「圏域行政」を「標準化」し、AIとシェアサービスを活用し、公務員を大幅削減する「自治体戦略2040構想」の制度化を議論しつつあります。地域経済学の視点から言えば、連携中枢都市圏は市町村合併の亜種ともいえるような形態です。さらなる行政領域の拡大と、財政や公務員、公共投資の「選択と集中」がなされれば、疲弊しきった地域経済や社会の持続的発展、さらに災害が頻発する国土の保全を図ることは不可能となります。「平成の大合併」の科学的総括とともに、大規模自治体では地域の持続的発展における自治体と住民自治の役割を根本的に見直すことこそ、求められているといえます。

3　コンパクトシティで都市は持続的に発展できるのか

⑴　日本版コンパクトシティの特殊性

　前述したように、「地方創生」政策の根幹に、「コンパクトシティ」が位置付けられています。これは、「増田レポート」においても、人口減少社会が到来するなかで、行政投資や経済機能、そして居住地の「選択と集中」が必要となっており、その拠点としての都心再開発が必要だとされたために、一気に国土上に広がりました。それを支える制度が、ソフト面での連携中枢都市圏での連携中枢都市への行政投資の集中であり、前出の立地適正化計画制度によるハード面での財政的優遇です。

　もともと「コンパクトシティ」とは、イギリスの都市計画思想のなかで生まれてきたものです。歩いて暮らせる街、人間の徒歩行動圏を大事にしようという考え方です。おそらく半径500m程度の生活

圏です。大都市であっても、一番大事なのは街区や小学校区であり、農村でも、集落単位です。そこで人間が持続的に暮らしていくために、働く場もあり、消費活動もでき、医療・福祉サービスも無理せずに受け取ることができる。大都市内部に、こういう圏域をつくっていくことが大切だという都市計画の考え方です。ところが、日本では、まったく違う意味になってしまっています。

　日本の場合、平成の合併後に、まず青森市が、次に富山市が「コンパクトシティ」を政策目標に掲げました。その意味するところは、「人口減少」時代において郊外への社会資本の投資や人口の少ない山間部の除雪費用は財政負担を増すだけであり、できるだけ郊外や農山村居住者を都心に移して、そこに住宅、医療、福祉、商業、交通機能をコンパクトにまとめることが必要だということにありました。

(2)　日本版コンパクトシティのモデル＝青森市での失敗

　今もコンパクトシティのモデルとなっている二つの市に共通することは、第一に豪雪地帯に位置する都市であること、第二に近い将来新幹線が延伸し、中心市街地の立地条件が大きく変化する都市であること、そして第三に「平成の大合併」によって、1000km^{2}前後の極めて広大な市域を有するようになった「エクスパンションシティ」であること、です。

　このような巨大な面積を有する基礎自治体において、中心市街地にあらゆる都市機能を集中するということは何を意味するのでしょうか。結論的にいえば、中心部に空き家・空き店舗が目立つ地方中心都市において、行政投資の集中と規制緩和による大手デベロッパーやゼネコン中心の大規模再開発を行なうということでしょう。現に、青森市では駅前に大規模な複合商業施設や高齢者向けマンション（サ高住）が再開発事業のひとつとして建設されました。前者には市が100億円近い投資を行いましたが、当初予定の核店舗は入居し

ませんでした。また、後者は東京本社の大手ゼネコンが開発したもので、2LDK の部屋が 2000〜3000 万円台で販売されました。

　結局、核店舗の代わりに、公立の図書館を施設の中に入れたのですが、これではテナント料は取れず、そのため第三セクター・アウガ（AUGA）は、当然経営危機に陥ります。実際、累積赤字で破綻しているわけです。

　サ高住に入っている人たちも、かなり所得は高い層だそうです。東京のゼネコンが建設したマンションの売値が高く、農業中心の国民年金世帯ではとても買えるものではありませんでした。周辺部の農村の高齢者のみなさんが入れるはずもない。結局、中心市街地の再開発も周辺農山村の生活条件の改善も中途半端なままです。これが日本版の「コンパクトシティ」なのです。

　政府はずっと「中心都市をつくり、そこに公共投資を入れ、行政機能を高め、経済機能も高めていく。そのために補助もしていきます」と中心市街地開発をしてきました。これが「地方創生」にもつながる中心的な開発思考です。再開発の仕方自体は以前とは変わらない。「人口減少社会だから、中心部しか生き残れないのでここに投資を集中する」というように、お題目が変わっただけです。

　このような大規模開発によって開発予定地に住む人々の居住権や生活が脅かされるだけでなく、合併後の交付金削減も重なって、周辺農山村部が一層疲弊することになっています。これは、中心部にLRT を走らせた富山市も同じです。周辺地域での農林業の担い手が枯渇し、国土荒廃が進み、災害が頻発することで、自然との関わりの面においても、社会的機能の面でも、そして財政面においても、都市域全体の生活領域としての持続可能性が危ぶまれる事態になっています。

　むしろ、今後予想される後期高齢者の増大に対応して、半径500m

といわれる行動範囲のなかで、都市でも農村でも、人々が自然と共生し安心して健康な生活が送れるような本来の意味でのコンパクトな生活圏を多数形成し、それらをネットワークするまちづくりこそが、必要であるといえます。その主役は、大都市に本拠を置くゼネコンや開発資本ではなく、あくまでも主権者としての人間です。住民の主権が発揮できるように自治の単位は、互いに顔がわかる生活領域が最も合理的であるといえます。大型公共事業に依存した日本版「コンパクトシティ」の幻想から一日も早く解放されて、一人ひとりの住民の暮らしを大切にしたまちづくりが求められています。

(3) 近年の都市再開発の特徴と問題点

　近年の都市再開発の一つ特徴は、「地方創生」がらみで、「コンパクトシティ」づくりのために公共施設を廃止、統合、集約化、土地を不動産活用していくというものです。長岡市（新潟県）のように、大型店が撤退したところに市役所を持っていくというようなところもあります。もう一つは、駅前の再開発で、JRがらみのものもありますが、前述の姫路市のように、操車場の跡にホテルや複合商業施設、病院をつくるところも多く、連携先の周辺町村からも患者を受け入れながら、中心部で大型病院を運営していくという集約化がすすめられています。場合によっては、病院統合もありえます。

　種地は、もともと公共用地であったところが多く、エリア開発ということで、公共施設の跡を高層ビルにしていく拠点開発が、東京都内でもおこなわれています。それを国家戦略特区として、議会が介在しないような形ですすめる仕組みができています。大手の不動産デベロッパーが開発しやすいような仕組みです。地方都市の場合には、「コンパクトシティ」という形で立地適正化計画をつくったうえで、そこに助成していく仕組みになっています。

　近年の動きの一例ですが、高槻市（大阪府）では、JR高槻駅前の工

場跡地が再開発されています。民間病院が核になっています。そして福祉施設が高層マンションの近くにあり、隣には大学があります。かつてのように拠点開発の核となるのは、商業開発ビルだけ、工業団地だけということではないということであり、こうしたエリア開発をよく見かけます。

しかし、高齢者向けのマンション（サ高住）は、ここにきていろいろな問題に当面しています。建設・管理をしているビル会社も困っているようで、たとえば孤独死が増えたり、入居者の認知症が進んで、管理人がとても対応できないという問題が頻出してきています。高額年金者狙いで始めたものの、民間の力ではまわしていけなくなっているのです。ところが、公共のところで、それをケアできる態勢はありません。むしろ減らしていく方向なので、高所得世帯はサービスを受けられたとしても、中所得世帯の人々は、途中でもたなくなって追い出されてしまい、行き場がなくなってしまう。低所得層は初めからそういうところへも行けず、ケアなしのところで孤立化し、いつの間にか亡くなるとか、重病になってから病院に行くという事態も生まれています。

4　国家戦略特区による特定企業・法人の優遇と地域経済効果の限定

(1)　国家戦略特区のトップダウン的運用

国家戦略特区について、内閣府の公式ホームページには、「経済社会の構造改革を重点的に推進することにより、産業の国際競争力を強化するとともに、国際的な経済活動の拠点の形成を促進する観点から、国が定めた国家戦略特別区域において、規制改革等の施策を総合的かつ集中的に推進します」と記されています。

もともと、「特区」という制度は、過去に二回ありました。小泉政

権期の「構造改革特区」と民主党政権期の「総合特区」ですが、これらはいずれも公募方式によって自治体を募り、国が特区認定したものです。ところが「国家戦略特区」は、これらとは全く異なる手続きを踏みました。官邸主導の手法によって、官邸が指名した委員からなる会議体で国の戦略方針、規制改革緩和メニューを立てた上で、地域指定を行ったのです。

　この制度運用の最高意思決定機関は、国家戦略特別区域諮問会議（以下、特区諮問会議）であり、議長は内閣総理大臣です。構成員は財務大臣、地方創生担当大臣、経済財政担当大臣、官房長官に加え「有識者委員」として竹中平蔵（パソナグループ会長）、八田達夫（大阪大学名誉教授）、秋池玲子（ボストンコンサルティング・シニアパートナー）、坂根正弘（小松製作所相談役）、坂村健（東洋大学教授）からなります。

　実際に、規制改革メニューの決定、特区の指定、関係省庁との調整を担当するのは、特区諮問会議の下に置かれた国家戦略特区ワーキンググループです。その座長は八田達夫であり、本間正義、八代尚宏、鈴木亘、坂村健といった新自由主義改革論者に加え、サキ・コーポレーションの秋山咲恵、瀬田クリニックグループ代表の阿曽沼元博、シーラカンス K&H 社長の工藤和美、元通産官僚で大阪府や大阪市の特別顧問を務めた原英史が委員です。

　このワーキンググループで決めた規制改革項目は、これまでのところ都市再生、創業、外国人材、観光、医療、介護、保育、雇用、教育、農業、近未来技術の 11 分野にわたります。この規制改革メニューに即して、自治体、事業者を募集、選定し、特区域の指定と進行の管理をする仕組みです。

　指定地域には、区域計画の作成、認定区域計画及びその実施に係る連絡調整、事業の推進を図るために、特区ごとに国家戦略特別区域会議（以下、特区域会議と略）が置かれます。この会議の構成員は、

担当大臣、諮問会議民間議員、自治体代表、「公募委員」とされています。ただし、「公募委員」については誰でもなれるわけではなく、「特定事業を実施すると見込まれる事業者」という限定条件が付けられています。要するに当該地域において国家戦略特区の規制改革を活用して事業を行うことを計画している民間事業者に特定されるわけです。例えば、東京圏の場合には、三菱地所や慶應大学病院、関西圏では塩野義製薬、阪急電車、島津製作所、先端医療財団のトップが委員となるわけです。ちなみに、広島・今治特区の場合は加計学園理事長、今治商工会議所特別顧問が入っています。以上のような形で、首相官邸がトップダウン的に決める人事制度の下で、国や地方自治体の関係者と事業者、企業が密室で意思決定できる仕組みが作られたわけです。

⑵　国家戦略特区の指定

　政府は、2014年5月1日に、まず6つの特区を指定します。以下が、その概要です。

　①東京圏（東京都・神奈川県の全部又は一部、成田市）　都市再生（容積率、エリアマネジメント、旅館業法）、雇用・労働（雇用条件）、医療（外国医師、病床、保険外併用、有期雇用、医学部）、歴史的建造物の活用

　②関西圏（大阪府・兵庫県・京都府の全部又は一部）　医療（病床、外国医師、保険外併用）、雇用（雇用条件）、都市再生（容積率、エリアマネジメント、旅館業法）、教育（公設民営学校）、歴史的建造物活用

　③新潟市　農業（農業委員会、農業生産法人、信用保証、農業生産法人、農家レストラン、食品機能性表示制度、雇用条件）

　④兵庫県養父市　農業（農業委員会、農業生産法人、信用保証、農家レストラン）、歴史的建造物活用

　⑤福岡市　雇用・労働（雇用条件、在留資格見直し）、医療（病床、外国医師）、都市再生

⑥沖縄県　観光（ビザ要件の緩和、入管手続きの民間委託、潜水士試験の外国語対応）、労働（ビザ要件の緩和）

　総じて、大都市圏の広い圏域と、福岡市・新潟市といった政令市、養父市といった農村地域、そして基地問題を抱えていた沖縄県まで、指定地域の範囲や属性には統一性がありません。概して、大都市圏や福岡市では、都市再生、医療、雇用・労働、そして民泊を想定した旅館業法の規制改革が重視され、養父市や新潟市では農業が主要ターゲットとなっています。

　その後、追加指定が二度行われました。2015年3月に秋田県仙北市（医療ツーリズム、外国人医師）、仙台市（起業手続きの緩和）、愛知県（公設民営高等学校の認可）を追加指定したのに続き、2016年1月に第三次指定を行ないました。この時、広島県と愛媛県今治市が同一の特区として指定されます。同特区は、観光・教育・創業などの国際交流・ビッグデータ活用を方針として掲げていました。これに加え千葉市を東京圏に加えました。幕張新都心を中核とした「近未来技術実証・多文化都市」の構築を目指すとしたのです。また、北九州市も福岡市特区に追加されます。ここでは、高年齢者の活躍や介護サービスの充実による人口減少・高齢化社会への対応が盛り込まれました。

　こうして、全国で10地区が特区指定を受けたわけですが、この特区域に住む人々の総人口は、5500万人に達します。つまり特区といっても限られた地区ではなく、大都市圏を中心に人口の半数が住んでいる地域に広がっているということです。

⑶　規制改革メニューの活用状況と中間評価

　では、各特区において、どのように規制改革メニューを活用しているのでしょうか。内閣府におかれている国家戦略特区のホームページによれば、2017年9月5日時点で、国家戦略特区における規制

改革メニューの活用数48、認定事業数は253となっています。これを特区別に分析すると、最多認定事業数を記録しているのは東京圏の86であり、これに福岡・北九州市の44、関西圏の27が続き、最下位は沖縄県の4となっています。

東京圏では、東京都が71と最大の部分を占めるが、なかでも都市再生が目立ちます。都市再生特別措置法の特例ということで、三井不動産による日比谷開発、森トラストによる虎ノ門開発、住友不動産による臨海副都心開発などが並んでいます。成田での国際医療福祉大学設置だけでなく、小池都政になってからは、都心部再開発や自由診療の規制緩和を求める「国家戦略特区提案書」も政府に提出されています。国際標準のビジネス空間の創出とともに、創薬拠点の整備や、外国人医療スタッフを使って外国人患者専用の自由診療ができる病院を株式会社形態で作ることも盛り込まれています。都市再開発事業の場合、公共施設管理計画による不動産活用方式も目立っています。さらに、混合介護を含めて国家戦略特区の活用や国との共同事務局の設置をすすめていることも留意すべき点です。[43]

また、関西圏では大阪府15事業、京都府5事業、兵庫県6事業となっており．医療・創薬・民泊・外国人雇用・都市再生に力点が置かれている。とりわけ、大阪では「特区民泊」が押し出されているとことが特徴的です。

一方、加計学園問題で国会が紛糾している2017年5月22日に、特区諮問会議が開催され、当時の山本幸三地方創生担当大臣名で、「平成28年度　指定10区域の評価について」という文書が配布されました。いわゆる特区基本方針に基づく「中間評価」です。

東京圏で「評価すべき点」としてトップに出てくるのは、「認定済の都市再生プロジェクト全体で、4兆1千億円の即効性ある経済波

43　川上哲「国家戦略特区の現状と課題」『賃金と社会保障』2017年3月下旬号。

及効果を見込む」という点であり、「課題」としては「住宅容積率の緩和のさらなる活用拡大が急務」、「特区民泊は大田区以外の東京都、神奈川県及び千葉市で依然として未活用」、「保険外併用療養は、依然として『国内の未承認薬』の活用実績がない」をあげ、これらをさらに加速すべきだとしています。

特区のなかで高く最も評価されたのは養父市であり、課題は「特になし」、つまり満点評価となっています。評価すべき点として書いているのは「企業による農地取得を全国で初めて活用し、4企業が合計1.34haの農地を取得」したことをはじめ5点です。

逆に最も低い評価がされたのは、沖縄県です。評価すべき点は「特になし」とされ、課題として「病床の新設・増床は、計画が大きく遅延。厳格な進捗管理が必要」、「さらなる改革事項の活用・提案が喫緊の課題」であると強調したうえで、「沖縄県について、平成29年度に行う中間評価までに、他の区域と遜色ない活用・提案実績が必要との危機意識をもって、これまで以上に県、市町村及び民間事業者等による連携を強化し、取り組む必要」があるとまで指摘しています。沖縄県の申請は、辺野古基地問題で安倍政権にすり寄った仲井眞元知事時代に行われたものであり、逆に同問題で政権と対峙する当時の翁長知事体制に対するいやがらせともいえる文面です。

いずれにせよ、このような「中間評価」をすることで、国家戦略特区における規制改革の実質化を図っていくという仕組みを作っているわけです。

さらに同日の特区諮問会議では、民間5議員が連名で「国家戦略特区　今後の進め方について」と題する提言を行っています。そこでは「特区ごとのメニュー活用は事業進捗状況に大きな差」があるとして、「進捗が不十分な自治体については期限を切って、特区指定解除すべき」であるというように圧力をかけている点が注目されま

す。また、未だ活用されていないメニュー、とりわけ特区民泊など
をもっと活用するように指導すべきだと言い、「更なる岩盤規制改
革の断行」ということで「年度末までの2年間を『集中改革強化期
間』として」提案して、重点6分野として「外国人人材受け入れ促
進」、「各種インフラの『コンセッション』推進等も含めたインバウ
ンドの推進」などを盛り込んでいます。これらの提案の主要内容は、
2017年6月に決定された「日本再興戦略　2017」の中に盛り込まれ
ました。

⑷　国家戦略特区の現場で広がる矛盾

　国家戦略特区の現場で何が起こっているか。特区指定を受け、そ
れをもとに住民や議会にほとんど情報公開がなされないまま、愛媛
県や今治市から多額の財政的支援がなされるという実態は、加計学
園問題の報道を通して、多くの人々が知るところになりました。

　けれども、すでに指定された既存の特区の現場において何が起こ
っているかについては、あまり情報がないのが現状です。特区諮問
会議の中間評価ですら、指定地域の進捗状況について不均等性があ
り、多くの課題があると認めざるを得ない状況です。

　そこで、ここでは、第1次指定特区として先行している新潟市と
養父市を対象に、国家戦略特区の運用と成果の実態を明らかにして
いきたいと思います。

　まず、新潟市の場合です。同特区では、ローソンが新潟市内の農
家と連携し、農地法等の特例を活用した新たな農業生産法人（ローソ
ンファーム新潟）を設立した上で、ローソン店舗にて販売するコメの
生産、加工を行うことを目指しました。ここでは、農地法に基づい
て農業委員会が決定していた農地の転用権限を市長に移すという規
制改革が適用されました。しかし、この法人農場は、100ha目標に
対して5ha程度の経営規模であり、社長は3年前に就農したばかり

の新人でした。しかも、コメの買取価格は、13000円／60kgと設定されており、経営体としての再生産を保障する価格水準にはなっていませんでした。[44]

　もともと、特区指定当時のローソン会長は新浪剛史でした。彼は、政府の経済財政諮問会議と産業競争力会議のメンバーでもあり、意思決定に参画できる立場にあったといえます。コメの減反政策廃止を、より安いコメを調達することで一層利益を「稼げる」大手小売企業の立場から主張していた人物でもあります。これも、「行政の私物化」ではないでしょうか。

　新潟特区では、ローソンのほかに、2015年末までに9特例農業法人が参入しました。しかし、その総面積は14.7ha、雇用効果は71名の見込みに過ぎません。しかも、この時点で、パナソニックが設立した植物工場も2年の試験期間を終え、「撤退」の見通しだと指摘されており、地域農業、地域経済への波及効果は極めて限定的なものに留まっています。[45]

　次に、特区諮問会議で国家戦略特区の優等生と評価された、兵庫県養父市を見てみましょう。同市では、養父市内全域の農地について、農地法第3条で規定された権利の設定又は移転に係る農業委員会の事務の全部を養父市長に移し、やぶパートナーズ株式会社（養父市）とオリックス不動産株式会社（東京都港区）が、同市内の農業者と連携し、農地法等の特例を活用した新たな農業生産法人を設立した上で、有機野菜等の生産・加工・販売等を行うという特区計画を立てました。

　養父市の場合、まず特区申請手続きが問題となりました。広瀬市長が独断で申請し、国家戦略特区ワーキンググループでのヒアリン

44　伊藤亮司「顕在化しつつある国家戦略特区の実態」『法と民主主義』2015年5月号。

45　伊藤亮司「新潟市革新的農業実践特区の現場から」『住民と自治』2017年5月号。

グの際には、議会や農業委員会の合意は取っていると説明していたことが後に発覚します。しかし、そのような事実はなく、市農業委員会が「不合意」意見書を政府に提出する事態にもなりました（『日本経済新聞』2014年4月11日）。

　けれども、農業委員会の改選によって市長派が多数を占めることにより、農地法3条関係の許認可権限を市長に移すこととなり、オリックス不動産、ヤンマー、クボタ、ナカバヤシ等の農業参入が相次ぎます。さらに、企業による農地取得を全国で初めて活用する特例も認められましたが、その規模は4企業合計で1.34haに過ぎません。

　ここで注目されるのは、当初から、広瀬市長とともに特区指定のために積極的に関わった愛知県の農業法人「新鮮組」の岡本重明社長の『日経グローカル』誌のインタビュー記事です。岡本社長は、「ヤンマーなど大手企業の農場がたくさん進出して農業を始めているが、わずか数十万円の資本を持ち込んだだけで何をしようとしているのか私にはよくわからない」としたうえで、「企業による農地所有に力が入り過ぎのような印象をうける。大切なのは、農家が利益を出していけるような環境を整えていくことで、方向感を失わないでほしいと思う。諮問会議有識者たちは規制として農業委員会や企業参入問題を重視しているようだ。事業をやっているわけではないから、現場で感じる問題をわからないのかもしれない[46]」と明確に言い切っているのです。

　政府は、国家戦略特区制度によって「地方創生」をすすめるとしましたが、特区制度の活用による地域経済効果は限定的であり、むしろ特定の企業や病院、学園の「成長」のためにドリルで「穴」をあけることが本質であったことを、わかりやすく語っています。

46　『日経グローカル』第292号、2016年5月16日付。

(5) 国家戦略特区制度に通底する問題点

　最後に、これまでの検討を踏まえて、国家戦略特区に通底する問題点について、整理をしておきだいと思います。

　第一に、指定手続きの密室性です。利害関係者を含む少数の人間が政治決定する仕組みとなっており、これが腐敗の温床になっているといえます。確かにウェブ上に特区諮問会議などの議事録は公開されているが、それが改ざんされていない正しい情報なのかどうかは不明です。

　第二に、首相官邸主導でトップダウン的な体制が作られているため、省庁の専門官僚制を排除することになっています。これは、文部科学行政のプロを排して、強い政治権限で官邸が今治市の獣医学部の設置を決定している事実を見れば、明らかです。専門行政が培ってきた知見や行政内容には、それなりの合理的根拠があります。これを無視することは、公正さを破壊し、行政サービスの質の低下を必然化させることになります。

　第三に、そのことは直ちに、「公務員は全体の奉仕者である」とした憲法15条の蹂躙を意味します。というのも、すべて官邸の意を「忖度」した形で特定の企業や学校法人、農業法人に便宜を図ることになるからであり、それは私益を公益に優先するということであるからです。

　第四に、地方自治の否定がまかり通っていることです。特区の申請、運用が利害関係者を含む密室で決定されていることもあり、主権者であり納税者でもある住民に対する途中経過の情報公開はほとんどなされていません。主権者である住民、その代表者である議会や農業委員会にも諮らずに首長がトップ判断でことを進めることは、団体自治も住民自治も否定する地方自治の侵害行為であるといえます。

第5章 「グローバル国家」型構造改革が日本の地域を破壊している　*123*

　第五に、特定の地域だけに適用される法律を制定する場合、本来なら憲法95条に定める「特別法の住民投票」をなすべきです。これを敢えて避けるように、官邸主導のトップダウンにより利害関係者だけで意思決定を行うことは、解釈改憲のひとつであるといえます。

　第六に、地方自治体の最大の責務は、地方自治法の規定によれば「住民の福祉の増進」にあります。けれども、国家戦略特区を推進する地方自治体では、首長を先頭にして「経済成長」や「国際競争力の強化」を最優先させています。しかも、その実態は、当該地域経済全体の発展や一人ひとりの住民生活の向上に寄与するところはなく、一部の私企業や病院、学校、個人の優遇にしかすぎません。その点でも、地方自治の理念や公益性に反する政策であるといえます。

　このような国家戦略特区制度は直ちに廃止し、少なくない自治体で取り組まれているように、住民自治を大事にしながら、広く公益的な効果のある地域づくりを自治体と住民、地元中小企業が連携して取り組んでいくことが求められているといえます。詳しくは、章を改めて述べることにします。

第6章　自治体・公共サービスを主権者のものに

1　憲法と地方自治をめぐる対抗軸の形成

(1)　地域・地方自治の現場からの厳しい批判

　デジタル技術と人材派遣を軸にした「公共サービスの産業化」と公務員数の削減を前提にした「自治体戦略2040構想」に対して、地域と地方自治の現場を知る自治体関係者や識者から厳しい批判の声が相次いでいます。

　第32次地方制度調査会総会の席上でも、全国町村会会長が「上からの押し付けではなく、選択可能な制度や仕組みを準備することが重要」であると発言したほか、全国町村議長会会長も同趣旨の意見を表明しました。また、全国市長会会長は「地方創生を頑張ろうとしている努力に水を差す以外の何物でもない」と厳しく批判し、全国市議会議長会会長も「小さな規模の自治体の行政を維持する方策を検討してもらいたい」と強調しました。[47]

　あるいは、地方自治体における水道民営化のトップランナーの一つとして目されていた浜松市では市民の強い反対運動が起こっています。同市は「平成の大合併」で、全国第2位の面積を持つ自治体となりました。現在、合併時の二層制の地域自治組織を廃止し、すさまじい「選択と集中」政策及び民営化政策を推進している自治体でもあります。すでに、下水道事業の民営化を行っていますが、市長が、次に掲げたのが、上水道の運営権の売却（民営化）でした。これに対して、市民が中心となって「浜松市の水道民営化を考える市民ネットワーク」が結成され、大小の学習会を多数開催したり、欧州

　47　第32次地方制度調査会第1回総会会議録（2018年7月5日）http://www.soumu.go.jp/main_content/000569072.pdf を、要約（2019年7月11日アクセス）。

での水道民営化の実態と再公営化の動きを紹介したドキュメンタリー映画「最後の一滴まで――ヨーロッパの隠された水戦争」(2018年)の上映会を行うなど、様々な運動が展開されました。保守派市会議員も含め反対の動きが広がるなかで、浜松市長は無期限で「延期する」旨を表明せざるをえなくなりました。同様に、大阪市や奈良市でも、水道民営化反対の運動が起きて、市議会で民営化案を否決しています[48]。このような事態は、水道は多国籍企業を含む一部企業の利益のためにあるのではなく、水なしには生きていけない生物である人間にとって、「水道は人権である」という普遍的な認識が共有されたからにほかなりません。「公共サービスの産業化」政策を貫く、「行政の私物化」による一部企業の利益の拡大よりも、人間の生存権と幸福追求権が優先される、そして地方自治体の最大の責務は「住民福祉の増進」にあるという現行の地方自治法の理念に沿ったものであるといえます。

　さらに、現在のように大規模な災害が多発する時代において、果たしてAIで対応できるのか、様々な障害者のニーズに対応する必要がある福祉の現場でAIが解決手法になるのかという問題があります。2018年の台風21号災害や北海道胆振東部地震は、長時間の停電による二次被害の深刻さという教訓を残しました。また、東日本大震災、熊本地震、西日本豪雨では、市町村合併で周辺部になった地域での自治体職員不足による災害対応の遅れが改めて問題となりました。これらの点については、総務省行政課長も務めた幸田雅治神奈川大学教授が、「2040構想」を批判して、強調している点です[49]。そもそも災害現場においてAIが生身の人の命を救えるのかといえば、答えは明らかです。前述したように、日本の人口当たり公

48　尾林芳匡「公共サービスのあり方をゆがめる『産業化』の現段階と対抗の課題」『自治と分権』第76号、2019年7月。

49　幸田雅治「災害対応と基礎自治体・合併自治体」『ガバナンス』第209号、2018年9月。

務員数は先進国中最低となっており、アメリカをも下回っています。市町村合併と三位一体の改革を経てそれからさらに減少しているのに加え、その数を半減させようとしている「スマート自治体」論そのものが、「大災害の時代」において非現実的であるといえます。むしろ公務員の役割を積極的に見直して、憲法で規定された住民の幸福追求と最低限の健康で文化的な生活を保障する「全体の奉仕者」としての公務員の増員をおこない、質の高い行政サービスを充実していくことこそ必要になっている時代ではないでしょうか。

(2) 「自治体戦略2040構想」の最大の問題は　地方自治と住民主権の否定

　すでに述べてきたように、「自治体戦略2040構想」の根本的な問題は、住民自治を基本にした団体自治、地方自治全体を、「地方統治構造」論の視点から否定しているところにあります。ただし、それは古い明治憲法的な中央集権国家体制ではなく、AIやロボティクスという新たな情報技術によって、住民に「利便性向上」の幻想を与えながら、「公共サービスの産業化」政策として情報関連企業に公共業務と財源、そして資産としての公共施設を市場開放するという内実をもっています。いわば、個人情報に関わる人権や、個々の地域の個性に合わせた行財政の仕組み、公共財産をこれら企業群の「経済成長」の道具として私的に活用する道を開くものです。

　けれども、それによって住民一人ひとりの所得や生活向上が実現し、地域経済・地域社会が持続的に維持される必然性はどこにもありません。むしろ、そのような持続可能性を否定する政策なり「公共サービスの産業化」の実践が、本来のSDGsを阻害する存在であるという側面を見る必要があります。公共サービスや行政実務、公

50　この点については、白藤博行・岡田知弘・平岡和久『「自治体戦略2040構想」と地方自治』自治体研究社、2019年を参照されたい。

共施設管理手法の標準化や共同化、そして「選択と集中」によって情報関連のハード、ソフト市場、あるは「シェアリングエコノミー」の市場を確保するのは、地元の中小企業や農家、住民ではなく、外国の資本を含む少数の特定の大企業になるからです。

むしろ、公共サービスの産業化政策は、TPP や EPA、FTA と連動しており、政府調達市場の対外開放や、地元企業を優先するローカルコンテンツ規制の廃止と結合しており、当該地域の中小企業や農家の持続的発展を維持するための地方自治体の独自施策を大きく制約する恐れの方が強いといえます。

もともと、政権に対して強い政策的影響力をもつ財界関係者は、国と地方自治体との関係を、親子関係、あるいは親会社と子会社の関係としてとらえる傾向があります。[51] 企業のトップダウン的な統治構造論が国と地方の統治構造論に持ち込まれ、憲法に規定された自治体の団体自治権に加え住民の主権や基本的人権も見ない安易なアナロジー（類推）で、地方自治体が持っている公的財源、仕事そのものを、「儲け」の対象として見ているわけです。

けれども、国と地方自治体との関係は、憲法及び地方自治法で明確に規定しているように、対等な関係であり、どちらの主権者も国民、住民です。そして地方自治体の基本的責務は、「住民の福祉の増進」にあり（地方自治法第1条）、現在、国が進め、いくつかの自治体の首長が好んで強調する「儲ける自治体」「稼ぐ自治体」にあるのではありません。

このことは、『ガバナンス』2018 年 9 月号の特集「『基礎自治体』のゆくえ」において片山善博元総務相をはじめとするほぼすべての寄稿者が「自治体戦略 2040 構想」を厳しく批判している点を見れば明らかですし、真面目な地方自治体関係者なら誰しもが一致できる

51　詳しくは、前掲『増補版　道州制で日本の未来はひらけるか』、88 頁を参照。

点です。

　例えば、片山善博は、同誌のなかで「国は『圏域単位での行政をスタンダードに』などと意気込んではならない。そのための法律上の枠組みなど不要であるのみならず有害である。大事なことは当事者である住民と自治体が地域の将来について真剣に考え、選択することである」と述べています[52]。また地方自治総合研究所の今井照主任研究員も「地域が多様であり、それを反映した自治体が多様であることが問題なのではない。多様であるところに『自治体行政の標準化・共通化』を押しつけるから問題が生じる」と批判しています[53]。

　日本弁護士連合会も、憲法と地方自治の観点から、「圏域」が主体となって「行政のスタンダード化」を進めることは、以下の3点に及ぶ重大な問題点があり、第32次地方制度調査会における審議は「慎重になされるべき」との意見書を、2018年10月24日に提出しています[54]。

　日本弁護士連合会が懸念している点は、第一に「圏域」が主体となって「行政のスタンダード化」を進めていくことは、これまでの広域連携の仕組みとは異なり、自治体の個別事務ごとの自主的な判断ではなく、全国的に国が主導して、市町村の権限の一部を「圏域」に担わせようとするものであり、自治体が自主的権限によって、自らの事務を処理するという団体自治の観点から問題があること。さらに住民による直接投票によって選ばれた議会もない「圏域」に対して、国が直接財源措置を行うことは、住民の意思を尊重する住民自治の観点からも問題があること。総じて、これらの点は、「憲法上の保障である、地方自治の本旨との関係で、看過できない問題であ

52　片山善博「人口減少下の基礎自治体・広域自治体を展望する」『ガバナンス』前掲号。

53　今井照「『スタンダード化』という宿痾」同上。

54　日本弁護士連合会「自治体戦略2040構想研究会第二次報告及び第32次地方制度調査会での審議についての意見書」2018年10月24日。

る」と、厳しく批判しています。

　第二に「圏域」単位での行政のあり方を検討するにあたっては、「圏域」の代表的なものである連携中枢都市圏について、どのような成果を生み、あるいはどのような弊害を生じさせたのか、実証的な検証・分析を行い、その評価をすべきなのに、それがされていないこと。さらに、市町村数をほぼ半減させた「平成の大合併」についても、実証的な検証・分析を行うべきあるが、それがなされていないと、私が本書で展開してきた話と同様の視点での批判がなされています。

　そして第三に、「自治体戦略2040構想」の描く地方行政体制の変更は、国土政策と密接に関係するものなので、国土政策の観点からの検討と国土形成計画との整合性を検討すべきであるが、それがなされていなことも問題にしています。

　つまり、個々の自治体での公共サービスの「産業化」に対抗する地域社会運動と併せて、政府による「圏域」の「スタンダード化」に象徴される地方自治破壊や、一部企業のための「行政の私物化」を促進する「公共サービスの産業化」政策の法制度化に対して、憲法と地方自治の理念からの逸脱を許さない、幅広い運動を展開する必要がありますし、その条件は準備されてきているといえます。そうすることで、地方自治体と国を主権者である住民、国民のものに取り戻す取り組みも実を結ぶことができるでしょう。具体的に、どのようにすればいいのでしょうか。以下では、その点について述べていきたいと思います。

2　主権者の利益を第一にした国・地方自治体に

⑴　中央政府レベルでの野放図なグローバル化、構造改革政策の転換

　では、住民主体の地域再生のために、何が必要なのでしょうか。本書で述べてきたように、従来からの構造改革路線を引き継ぐ「グローバル国家」（経団連）が提唱する政策は、地域経済を「破壊」し、真の意味での「SDGs」を阻害するだけであり、逆に国民・住民の消費購買力を拡大し、生活向上に直結する改革こそ必要だといえます。

　地域経済・社会を担っているのは、圧倒的多くの中小企業や農家、協同組合です。中小企業だけで全国の企業の99.7％、従業者の69.7％を占めています（2014年経済センサス）。これに農林漁家や地方自治体が加わって、地域経済を形成していることは、前述したとおりです。ごく少数の多国籍企業や東京本社の大企業が、一部の学校・医療・福祉法人を優遇するのではなく、地域経済・社会の土台をつくる、これらの経済主体の地域内再投資力を高める政策に転換することが、最も重要なことなのです。

　では、財政と社会保障のあり方を改革し、経済的価値を生み出している労働者や中小企業、小規模事業者の生活と経営を維持発展させ、一人ひとりが豊かさを実感できるようにするためには、何が必要なのでしょうか。

　まず必要なことは、これまでの財界の「グローバル国家」論に基づく新自由主義的改革を決定、執行してきた政財官の抱合体制を改革することです。加計学園事件に象徴される国家戦略特区の手法は、首相の「お友達」である学校法人や企業のみに恩恵を与える「行政の私物化」の典型です。このような一部の企業の利益ではなく、国民経済、地域経済の圧倒的部分を占める中小企業、小規模企業及び

そこで働く労働者の全体としての利益を最優先する政策が必要です。

そのためには、第一に、企業、団体による政治献金を禁止すること、第二に経団連をはじめとする財界代表が一般の大臣や国会議員よりも権限を与えられた経済財政諮問会議等の意思決定機関を廃止すること、第三に官民人事交流法の廃止により、大企業への天下り、大企業からの天上がりを止めること、そして最後に官邸が幹部職員の人事権を握る内閣人事局制度を廃止し、公務員を憲法で定められたように「全体の奉仕者」にすること、が必要です。

次に、国の経済・財政政策の基本を変革することです。安倍政権が推進するような多国籍企業の「収益力」優先の政策ではなく、国民の生活向上を第一にした政策への転換が必要です。

そのためには、タックス・ヘイブン対策を強化し、多国籍企業・富裕者への課税を強化することが求められます。また、下請企業いじめをなくし、公正取引の徹底も必要です。さらに、消費税減税・住民税減税・社会保障費負担の軽減、最低賃金の引上げと給付型奨学金を含む社会保障給付金の増額を図ることも重要です。そうなれば、可処分所得が増え、消費購買力を増やし、中小企業・業者の収益力を高め、税収も増える「新福祉国家」への転換も展望できます。

さらに、憲法を尊重し、国民主権、住民自治を前提にしながらの、新しい福祉国家の地方自治体の最大のミッションは、住民福祉の向上であり、団体自治、住民自治をきちっと守っていくことが最も大切です。

財源的には三位一体の改革前の地方交付税水準に戻すべきです。そうすれば３割近くの財源は戻ってきますから、より多くの公務員を雇用することができ、地方で定住できる公務員の数は増えます。地域経済における消費購買力も戻ります。自治体労働者が増え、定住することにより、農地や山林の管理も前進し、国土保全効果も高

まっていきます。これまでのように市町村合併推進だけの補助策だけではなく、大きくなりすぎて機能不全になった浜松市とか高山市をはじめとる自治体で、分離・分立したければ住民投票で決める。もちろん、分離・分立後の財政運営の保障とそのための費用は国が用意することも必要です。国の政治の失敗で、それらの地域は大きな損害が受けているわけですので、それは当然必要な対策です。

さらに、経団連や自民党道州制推進本部が構想した単純二層制の道州制ではなくて、むしろ重層的なかたちで大都市も含めて地域自治組織を、小中学校区あるいは区に権限を与えて、積み上げていく。このような多重的な地方自治構造を下からつくっていくことが必要ではないかと思います。そうすれば開発財源が中心部や大きくなった自治体の市役所に集中することが防げます。むしろ財源を広く住民の生活領域のところに再分配できます。

(2) 「小さくても輝く自治体フォーラム」参加自治体の実践から
　　学ぶ

憲法と地方自治の理念を活かす実践をしてきたのが、「小さくても輝く自治体フォーラム」運動に参加する基礎自治体です。同フォーラムは、半強制的な市町村合併に異議申し立てを行う全国の小規模自治体が集まり、2003年2月に発足し、現在も活動を続けています[55]。いずれも、憲法理念に則り地方自治の重要性を主張するとともに、住民自治を基にした福祉の向上をはかり、人口を維持し増やす地域づくりを実践してきた自治体です。

このフォーラム運動を通して、長野県栄村や阿智村、宮崎県綾町、徳島県上勝町、高知県馬路村などに代表される人口小規模自治体ほど、住民一人ひとりの命と暮らしに視点をおいたきめ細かな地域づ

55　詳細は、全国小さくても輝く自治体フォーラムの会編『小さい自治体　輝く自治』自治体研究社、2014年を参照のこと。

くり、有機農業や森林エネルギーの活用、地球環境問題への取り組みが可能になることが明らかとなっています。いずれも、現場の声を基に自治体と住民、企業、農家、協同組合が共同して創造的かつ総合的な地域政策を積み上げてきた結果であり、「地方創生」のトップダウン的な政策手法とは正反対です。これらの小規模自治体の合計特殊出生率は東京都をはるかに超え、島根県海士町や綾町、北海道東川村などでは人口を増やしているのです。また、この間、合計特殊出生率が全国で最も高かったのは、岡山県奈義町でした。同町からは、ほぼ毎年、町長と全議員がフォーラムに参加し、全国の自治体の取り組みから学び、種々の定住政策を展開してきたそうです。

　ここで紹介したいのは、人口増加までには至っていないものの、国の人口シミュレーションが大きく外れたという事例です。増田レポートの発表直後に開かれた「小さくても輝く自治体フォーラム」の集会で、宮崎県西米良村の黒木定藏村長のお話を聞きました。

　西米良村は宮崎空港から車で約3時間離れた山村です。焼畑農業で有名なところです。黒木村長は、「かつて厚生省人口問題研究所が発表した村の将来推計人口は、2010年に748人になるとされていました。けれども2013年4月時点の人口は1249人です」と発言したのです。これは、統計の誤差では説明できない、大きな差です。

　実は、増田レポートのシミュレーションでは、地域づくりの主体的努力を完全に無視しています。西米良村ではオーストラリアに学んでブルーベリー等の収穫期である夏休みに若い人に都会から来て貰って、コテージに住みながら賃仕事をしてもらう「西米良型ワーキングホリデー事業」を、1998年以来取り組んできました。その結果、定住者が生まれ、結婚して子どもが出来るカップルが生まれます。さらに、子どもを見たお年寄りが元気になってきて村づくりに一層積極的に参加するようになってきています。村の子育て、高齢

者福祉・医療政策も充実し、高齢者が今までよりも村を離れなくなってきます。社会減が減り、社会増がやや増え、出生数が増加していく。その結果が、先ほどのシミュレーションと実勢値との大きな差に現れたのです。

西米良村の取り組みは、地域づくりの主体的努力が大事だということを教えてくれています。しかも黒木村長は「自分たちは数値目標を掲げて人口何人を実現しようということは一切考えて来なかった。ブータン国王のように、住民の幸福度（しあわせど）をいかに高めるかということで住民の皆さんと智恵を出し合って、村と住民がいっしょになって取り組んで来た結果です」と言いきりました。これこそが地方自治の原点ではないかと思います。

たまたま全国市長会が増田レポートの１年後に興味深い調査結果を出しています。これが面白いのですが、合計特殊出生率が高いトップ30自治体の担当者にアンケートをしたころ、最大の要因として答えた回答がほぼ同じで「コミュニティが充実しているから」というものでした。[56]決して企業誘致をしたとか、自治体のところで大型プロジェクトをやったとか、そういうことではありませんでした。

地域社会が安定的だから安心して結婚し、そこで子どもをつくり育てていく、そして老いていくことができるのです。これができていれば、合計特殊出生率も高いわけです。したがって、若年層を中心とした最低賃金・所得の向上と生活の安定がなによりも必要だといえます。

さらに、小規模自治体の優れた地域づくりを見ると、団体自治と住民自治が結合してはじめて、地域づくりがすすむことがわかります。まさに「小さいからこそ輝く」のであり、これが地方自治の原

56　全国市長会少子化対策・子育て支援に関する研究会「人口減少に立ち向かう都市自治体と国の支援のあり方【報告書】」（2015 年 5 月 26 日）、http://www.mayors.or.jp/p_action/documents/270526shoushika1.pdf　参照（2019 年 7 月 11 日アクセス）

点であるといえます。とりわけ注目されるのは、これらの小規模自治体では、共通して社会教育活動が活発であり、住民が主権者として地域づくりに参加している点です。栄村、阿智村、綾町等では公民館活動が活発に展開されてきた長い歴史があります。阿智村では中央公民館に加え自治公民館活動が盛んです。綾町の有機農業の里づくりを支えたのも自治公民館運動でした。[57]

(3) 大規模自治体での「都市内分権」、住民自治の基盤づくり

　小規模自治体での取り組みの教訓は、広域自治体や大都市自治体での「都市内分権」、住民自治の基盤づくりにもつながります。「自治体消滅論」「地方消滅論」は、とにかく宿命として人口が減る一方だから人口流出防止のダムをできるだけ大きくつくったらいいというものです。実は、浜松市がその典型として例示されたのですが、その浜松市でいま人口減少がどんどん加速しています。山間地の天竜区だけでなく、中心市街地や工場が集積していた中区でも、そうです。むしろ、人口流出防止「ダム」の「崩壊効果」が合併によって大きくなってきているのです。一人ひとりの住民が生活しているコミュニティ、生活領域に近いところに「小さなダム」としての市町村がたくさんあったほうが、そこで人々が安心して暮らし続けることができ、有効に「貯水」ができるのです。そのための地域自治組織を財源配分も含めてしっかりつくっていくことが必要なのですが、浜松市では合併時の約束でできた天竜区の旧市町村別の地域自治組織を、地元財界からの「地域自治区を残すのは不効率だ」ということで、すぐに廃止したうえ、今も、区役所を減らすべきだという動きがあり、2019年統一地方選挙で、住民投票までされています。

　その浜松市は、他方で水道民営化を真っ先にやろうとしているわけですので、大きな財源を私的資本の利益の対象にするのか、それ

---

57 『社会教育・生涯学習研究所年報』第13・14号、2019年の特集論文を参照。

とも地域の住民の生活の向上に振り向けるのかをめぐって、激しい
つばぜり合いが続いているといえます。少人数の市議会だけではな
く、多くの住民が発言権をもつ地域自治組織の地域協議会は、その
ような「公共サービスの産業化」を進めようとする経済界にとって、
邪魔者として映っているようです。

　これに対して、「平成の大合併」で、日本一多い14市町村が合併し、
1000km²、人口20万人都市となった新潟県上越市では、28の地域自
治区・地域自治組織と公募公選制度による地域協議員の選出、地域
自治区独自予算の形成という形で、先進的な都市内分権制度ときめ
細かな地域政策を生み出している点が注目されます。これは、例え
ば、豪雪が積もる安塚区がある一方で、冬でも積雪がない大潟区ま
で、自然条件、経済条件が異なる個性的な地域から市ができている
という視点から、地方自治法に基づき、条例を制定して、市長の諮
問機関としての位置付けてつくりあげたことによる成果です。注目
すべきことに、上越市の地域自治区のうち旧上越市内に設置された
地域自治組織の範囲は、ほかでもない昭和の合併の際の基礎単位と
なった「昭和旧村」でした。集落と「昭和旧村」を基本にした地域
づくりこそ、最も重要であることを示唆しているといえます。

　ちなみに、28の地域自治区の公募公選委員には、400人近くの市
民が参画しています。女性も多く参加しています。市会議員は32人
で、ドブ板政治にならないよう住民が監視していますから、市全体
のことを検討するようになり、議会改革も進んでいくことにもなっ
たと聞いています。ただし、合併交付金の特例措置が切れて、いま
は緩和措置が執られていますが、残念ながら事務所の統廃合が進ん
でいます。

　新政令市の浜松市や新潟市でも、すでに述べたように、合併時に
は区ごとに区自治協議会が設置され市民が公募委員として参画でき

る制度を導入したのですが、近年、区の再編や自治協議会の発言権を抑制する動きが表面化し、大規模都市の住民自治と団体自治のあり方が、鋭く問われている状況にあります。

　大規模合併都市の周辺部は、特に深刻であり、災害のリスクが広がっています。広域合併自治体や政令市では、重層的な地域自治組織でもうまくいかない場合は、改めて主権者である住民の意向に沿って自治体の分離・分割も検討すべき時機にきているといえます。

3　自治体による多数者のための新しい地域政策の広がり

(1)　中小企業振興基本条例・公契約条例の活用

　自治体と中小企業との連携によって、地域の持続的発展を図ろうという取組みが、今、中小企業振興基本条例の制定を通して、全国に広がっています。中小企業家同友会全国協議会の調査によれば、2019年5月時点で、408市区町村、45都道府県が制定しています。この条例は、単に中小企業支援政策にとどまらず、中小企業が地域経済を支えている大きな主体であると位置づけていることに特徴があります。以前の中小企業基本法にもとづいた条例はいくつかありましたが、それらは、ある特定の分野や経営革新をしていこうとしている企業に補助金を出したり、減税したり、低利融資をする根拠を定める条例でした。1999年の中小企業基本法改正で、地域づくりの基本方向を、地域づくりの担い手である中小企業を育成することを通しておこなうという流れに変わってきています。

　その際に、中小企業の育成だけでなく、地域のなかにある大企業の役割規程を置き、中小企業育成や地域貢献を謳う。さらに金融機関の役割規程を置いていくことも、2012年の愛知県条例から始まっています。愛知県の場合、かつて東海銀行がありましたが、金融ビッグバンの結果、東京に本店機能を移します。愛知県内の中小企業

に責任をもって情報や融資を行う大きな地域金融機関はなくなってしまいました。小さな金融機関は、第二地銀クラスや信用金庫や組合がありますが、全県をカバーできない。その結果、近隣の府県から銀行がやってきて、草刈り場になってしまうという状況だったのです。

そこで、アメリカにある地域再投資法という、州内に立地した、外から来ている金融機関は、できるだけその地域の中小企業に投融資をすることを求めている法律に学んだわけです。同法は、もともとキング牧師の時代から始まったマイノリティ企業に対する貸し渋り対策の法律でしたが、産業空洞化問題が起きてから、地域の経済全体を引き上げるための法制として改正されていきました。連邦法ですが、北部の多くの州が適用し、金融機関の地域貢献を求めています。面白いのは、義務なり規制という方法ではなく、評価にもとづく誘導であることです。地元企業に投融資をよくやっているところはＡランク、「問題があり」がＥ、Ｆランクです。たとえば新しく支店を展開する、新しい業務をおこなうことを、州政府に申請するとき、Ａランクだったら何の問題もない、Ｅ、Ｆランクだったら、厳しく審査するというわけです。金融機関は、当然Ａランクになろうとするので、地域に再投融資が誘発されていく効果が生まれます。

これを、かつて中小企業家同友会が、金融アセスメント法の制定ということで、国会に対して要請したことがありますが、実現していません。それが自治体レベルで具体化したのです。いまや金融機関の役割規定がスタンダード化し、標準装備されつつあります。

中小企業振興基本条例に大学の役割や、教育の役割を入れたり、防災の役割という項目を入れるところも増えてきています。教育では、地域の企業の働き手や事業の継承者をどうつくるかが課題です。私は京都府の与謝野町で、太田貴美町長時代に中小企業振興基本条

例策定のアドバイザーをしました。そこでは、商工会の青年部の人たちが「自分たちはここの会議で地元の企業が大事だということを議論しているが、はたして自分たちの息子や娘たちに対してどういっているだろうか」「いい大学に入り、いい会社に入れといっているではないか。何の疑いもなく子どもたちは外の大学へ行き、かつ帰ってこない。これでいいのだろうか」と議論していました。そこで、自分たちの地域の宝物になるような資源がどういうものがあり、どういう企業がものつくったり、売ったりしているのかを学んでもらおうということになり、小学校の郷土学習だけではなく、中学校、高校でも、地域の産業に関してきちんと知ってもらうよう教育委員会等と交渉し、実現しました。

　あるいは環境保全ということでは、与謝野町には、山があり、川があり、海には天橋立があります。山の保全があって初めて景観ができるということを位置づけました。

　福祉事業所も、よさのうみ福祉会がリゾート開発でいったん破綻した「リフレかやの里」を引き受けています。NHKの「ハートネットTV」でも紹介されましたが、ランチの食材は地元調達、障がいのある人たちが一生懸命にていねいにつくり、サービスも担っています。いまでは手当が京都府の最低賃金近くまでになっているそうです。

　一般の企業だったら誘致しても逃げるかも知れないけれども、こういう施設は逃げることはありません。しかも、地元の雇用、地元の食材調達など、いろいろな形で地域経済を潤してくれるから、そこに補助金をつけましょうということになります。狭い意味での企業誘致ではなく、地域全体の福祉の向上を果たすことにもなる。そこで福祉事業所も大きな役割を果たす。長野県の佐久総合病院などのように、病院が大きな役割を果たす例もあります。

北海道十勝の帯広市では 2007 年に中小企業振興基本条例ができ、産業振興会議がつくられました。そこに産業振興ビジョンという具体的な施策をつくる部会がつくられて、週一、二回無償で集まって議論をし、市長に対して提案をしています。市長はそれにもとづいて予算づけをして施策を具体化していっています。そこで、この間、大きな変化がいくつもありました。2018 年 11 月に帯広市にお邪魔したのですが、農業、商業、工業、観光業の産業連関が、しっかりと作られてきていることに驚きました。帯広駅の正面に地元のホテルがあるのですが、食材が基本的に十勝産です。おいしくたくさん食べることができ、朝食が、型にはまったものではなくて、とくにおいしいのです。聞くと、ホテルの社長さんは、市の産業振興会議の委員をされていました。

また、その近くに満寿屋というパン屋があります。ここは売り上げが合計で 10 億円を突破したのですが、地産地消にこだわって、すべての食材、小麦から砂糖まで 100％ 十勝産のものです。十勝は農産物がたくさん穫れるのですが、それまで小麦などは製粉所もなく、素材のまま出荷していました。条例をつくり、産業振興ビジョンをつくるなかで、地域内産業連関をつくり、付加価値を高める工夫をしていきました。このパン屋さんも、地元産の麦を活用しておいしいパンを手ごろな価格でつくり出したのです。ジャガイモやチーズや玉ねぎなども基本的には契約生産です。そうすることによって付加価値を高めていき、地域に分配しています。この満寿屋さんの取り組みは『世界に一軒だけのパン屋』（野地秩嘉著、小学館、2018 年）で詳しく紹介されています。このような取り組みをしている経営者には、中小企業家同友会や民主商工会の会員さんが多くいます。

このような取り組みを、帯広市と地域金融機関である帯広信用金庫、そして帯広畜産大学や高校で協議体をつくり、試行錯誤をしな

がらやっていこうとしています。その結果、帯広市の人口はあまり減っていませんし、いわゆる第二創業が増えています。外からも人が流入し始め、いろいろな産業が持続できる街になってきているのです。

このような地域が広がっていけばいいと思います。そのとき一番肝心なのは、地域経済、社会（自治会、消防団、PTA）を担っているのは、家族も含めて中小企業者が圧倒的に多いということです。ここが元気であって初めて地域は持続し、住民が元気になるのです。次の担い手も誇りをもってそこで育っていて、いったん外に出たとしてもまた戻ってきたいというような教育、文化がある。そして食文化・舌の味を大切にし、子どもたちの食生活をコンビニの味にしないで、地元の味を覚えるように育てる。そういうところまで見通した地域づくりをおこなうためには、中小企業振興基本条例をたんなる産業政策ではなく、地域をつくっていくための基本的な戦略を包含した地域づくりの憲法として位置づけることが大切です。

当然それは、制定しただけではダメで、不断の努力によって具体化していくことが必要です。自治体はそういうとりくみをサポートすることに徹する。例えば、横浜市では中小企業振興基本条例に基づき、毎年契約部署別、区役所別に横浜市内中小企業への発注件数と金額を発表しています。これによって、市役所職員の公共調達に際しての意識変化が起きており、自治体の財源である住民の税の地域内経済循環を高める取り組みになっています。

国もそういう政策を自治体がきちんとできるように財源措置もし、口は出さない。補助金もヒモつきの財政誘導はしない。そういう本来の憲法上定められた国と地方自治体の横の対等な関係にもっていく必要があるのです。

そして、中小企業振興基本条例と併せて注目されるのが、公契約

条例です。現在、公契約条例や要綱類の制定は、70余りの自治体に広がっています。同条例は、自治体が地域内の賃金、労働条件の改善を図り、地域経済の振興を図るために、自治体が定める最低の賃金等を支払わなければ公共調達の入札に参加できないという趣旨のものです。2010年の千葉県野田市の条例制定開始後、これも急速に増加しています。世田谷区では、その対象を、指定管理者や印刷等にも拡大しており、公共調達と関係する民間企業の利益に加え、地域の賃金や労働条件の改善、地域貢献型企業の涵養といった直接効果だけでなく、地域内取引の拡大による経済波及効果、公共施設や行政サービスの安全や質の向上にも結び付いています。[58]

(2) 地域内経済循環、再生可能エネルギーへの注目

グローバル化や大災害の時代に、一人ひとりの住民が輝く地域を再生し、持続させるにはどうしたらいいのでしょうか。それを効果的にすすめるために、地域に一体として存在する農業、製造業、建設業、商業、金融業だけでなく、医療・福祉や環境・国土保全を担う民間企業、農林漁家、協同組合、自治体から構成される経済主体を相互に連携させて地域内経済循環を太くして、地域内再投資力を育成することが必要不可欠です。先に示した取り組みの多くが、それを志向していることがわかります。

これらの経済主体には、地域の就業者のほとんどが関係しているので、地域全体が再生していくことになります。足元の地域で生活しながら、経済主体としても活躍する中小企業や農林漁家の経営者・従業員やその家族は、たんに経済的な側面での役割だけでなく、地域コミュニティの形成者、地域の文化活動の担い手、さらに地方自治体の主権者でもあります。このような担い手が自覚的に存在する

---

58 詳しくは、永山利和・中村重美『公契約条例がひらく地域のしごと・くらし』自治体研究社、2019年を参照。

ことで、総体としての地域は持続できるわけです。

いま、地方自治体のところでは、中小企業振興基本条例や公契約条例だけでなく、地域の個性に合わせて、地域内経済循環、六次産業化、再生可能エネルギーを積極的に推進する自治体も増えています。岩手県紫波町や滋賀県湖南市では、条例を定めて、自然エネルギーと地域内経済循環を基本に生活・福祉・景観・環境政策を結合し、所得の域内循環と経営維持、地域社会、景観形成、環境保全の相互連関を図ろうとしています。また、年金を出発点にした資金循環と仕事おこし、福祉の連関性を追求する取組みも各地でなされています。

資金・所得の循環、物質・エネルギー循環、人と自然との循環から構成される地域内経済循環が形成されることで、一人ひとりの住民の生活の維持・向上を図ることができるといえる。これらの動きは、自治体と地域の経済主体の連携による産業自治、エネルギー自治の発展として大いに注目することができます。このような地域づくりは、住民や地元経済主体の地域づくりへの積極的参加なしには実現しえないし、それは国によって主導されるものではなく、広い意味での社会教育の場で絶えず学ぶことから持続可能な運動となります。

ところが、現在、本書で述べてきたように、「地方創生」政策を通して、むしろ国家による介入型地方行政になっています。あるいは沖縄のように、外交・軍事にかかわることで政府に対して反発したら、まるで明治憲法下であるかのように沖縄の民意を無視して、ブルドーザー的につぶしていく。これは戦後の憲法の考え方と相反する行為です。地方自治の否定でもあります。地方自治の目的である「福祉の増進」とは、生存権にからむ問題ですから、沖縄住民の声をきちんと尊重することが本来の地方自治の考え方です。沖縄の問題

は、いまの地方自治をめぐる、わかりやすいせめぎ合いの局面であるし、国の本質がよく見える問題だといえます。[59]

(3) 市民運動と自治体労働者運動の方向

　これまで述べてきたように、現在進行中の公共サービスの「産業化」は、経済のグローバル化に伴う国際的な公共サービスや公務労働の再編の波とも深く関係しています。通商交渉を経て、政府調達や公企業のあり方、さらにサービス発注までもが、多国籍企業の市場と化しているからです。2019年5月19日に自治労連が主催して開催した国際シンポジウム「新自由主義のもとでの公共サービス破壊と立ち向かう公務労働者」は、その意味で大きな歴史的意味をもつといえます。

　「自治体戦略2040構想」で提起されている「シェアリングエコノミー」の活用は、明らかにウーバーなどのビジネスモデルを想定したものです。そうなると公共サービスの担い手が、正規職員はもちろん、非常勤職員も含めて、請負契約による新しい形態の官製ワーキングプアに置き換えられる可能性が大きくなります。不安定な一時的な契約形態によって質の高い公共サービスが供給され、個人情報が保護されるかといえば、その保障はないといえます。

　上記のシンポジウムの報告によると、静岡県島田市では非正規職員500人が担っていた住民サービスを民間企業に丸投げする「包括民間委託」について、島田市労連の運動によって「住民サービスや労働条件を引き下げるもの」という認識が広がり、同予算案を全会一致で否決したということです。また、前述したように、浜松市での水道事業の運用権売買についても、保守系議員を含む幅広い市民の反対意見によって食い止めている。そのような公益と私益の対立が本質的な対抗軸となっているわけです。「包括民間委託」の問題に

59　宮本憲一・白藤博行編『翁長知事の遺志を継ぐ』自治体研究社、2018年を参照。

ついては、資料２の自治労連弁護団意見書を参照してください。自治体職員の労働条件と市民サービスの質や安定性に関わる重大問題となっています。

　地域のなかでの最低賃金引き上げ、住宅の保障、医療の助成、福祉アクセスを高めること、教育の改善要求はだれもが参加できることであり、一言でいえば「生活保障」の運動です。職場での賃金闘争とこれが結合しなければ、地域で生きていけないというのは公務の職場だけではなく、いろんな職場にも言えることです。アメリカでは、自治体の政策を変えるとか国の政策を変えるということで連携していく団体をコアリッションと呼んでいます。運動体でもありますから、地域の住民のところに入り込む、労働運動と市民運動との連携した取り組みです。このような新しい運動が、先の大統領選挙で、民主党のサンダース候補を押し上げたといわれています。[60]

　このような運動の持続的発展と広がりのなかで、地方自治体も国も、主権者である圧倒的多くの住民、国民のものとなるのです。

60　詳しくは、エイミー・ディーン・デイビット・レイノルズ『地域力をつける労働運動』かもがわ出版、2017年、及び後藤道夫他『最低賃金1500円がつくる仕事と暮らし』大月書店、2018年を参照。

資　料　*147*

資料 1　安倍政権下における政府及び政権党・財界の主な政策と動向

政策	年　月	報告・動向など
経済財政・総合政策	2013. 6.14	日本再興戦略（国家戦略特区の提案）
	2013.12. 7	国家戦略特別区域法成立
	2014	内閣人事局制度（幹部人事の一元的管理）
	2014. 5. 8	増田レポート（自治体消滅論）
	2014. 6.24	骨太方針 2014、日本再興戦略改訂、世界最先端 IT 国家創造宣言（1000 自治体クラウド化）
	2015.10	マイナンバー制度
	2015. 6.30	未来への投資戦略・骨太方針 2015
	2015	公共サービス改革基本法
	2016. 6. 2	第 4 次産業革命
	2016. 7	未来投資会議設置
	2017. 6. 9	未来投資戦略-Society 5.0・データ駆動社会
	2017. 9	未来投資会議構造改革徹底推進会合
	2018. 2	新しい経済政策パッケージ
	2018. 6.15	骨太 2019・世界最先端デジタル国家創造宣言・官民データ活用推進基本計画
	2018. 9. 4	地域魅力創造有識者会議
	2018.12	中枢中核都市 82 市指定
	2018.12.28	新たな防衛計画大綱・中期防衛力整備計画
	2018.12.30	TPP11 発効
	2019. 2. 1	日欧 EPA 発効
	2019. 5.24	デジタルファースト法成立
	2019. 6.14	IT 新戦略（スマートシティを見据えた社会インフラの構築ほか
	2019. 6.21	骨太方針 2019-「令和」新時代・「Society 5.0」への挑戦
	2019. 6.21	成長戦略実行計画
		スーパーシティ法案
		地域再生法の改正
		デジタル市場競争本部創設
		デジタルプラットフォーマー透明化法案
地方自治	2014. 3.24	電子自治体加速のために 10 の指針、地域情報プラットフォーム標準仕様書
	2014. 4~	公共施設等総合管理計画
	2014.12	まち・ひと・しごと総合戦略
	2015. 4	地方交付税トップランナー方式始まる
	2015. 8.28	地方行革の通知
	2017	地方公務員法・地方自治法一部改正
	2017. 7	地域自治組織のあり方研究会報告
	2018. 3	町村議会のあり方に関する研究会報告
	2018. 6	業務改革モデルプロジェクト（AI 活用推進策）
	2018. 4.26	自治体戦略 2040 構想第 1 次報告

政策	年　月	報告・動向など
地方自治	2018. 7. 2	自治体戦略 2040 構想第 2 次報告
	2018. 7. 5	第 32 次地方制度調査会発足
	2018.12. 6	水道法改正（広域化・コンセッション）
	2019	第 9 次地方分権一括法（社会教育施設の首長部局移管）
	2019	第 32 次地方制度調査会中間とりまとめ
	2019.10	地方税共通納税システムスタート
	2020. 4	会計年度任用職員制度スタート
国土政策	2014. 7. 4	国土のグランドデザイン
	2014	都市再生特別措置法改正（立地適正化計画）
	2019. 6	スマートシティモデル事業（先行モデル 15 事業、重点事業化プロジェクト 23 事業、スマートシティ推進パートナー 71 団体）
食・農林業政策	2016. 3	食料・農業・農村基本計画（農協・農業委員会改革）
	2018. 4	種子法廃止
	2018. 5.25	森林経営管理法（森林管理システム、森林環境税）
	2018. 6	卸売市場法「改正」
	2018.12	漁業法「改正」
社会保障	2012. 2.17	税・社会保障一体改革
	2012. 8.22	社会保障制度改革推進法
	2013.12	社会保障制度改革プログラム法
	2014. 6	医療介護総合確保推進法
	2015. 4	子ども・子育て支援新制度スタート
	2015	介護保険法改正（新総合事業）
	2017	2017 社会福祉法一部改正（我が事・丸ごと地域共生社会）
	2018. 4	国保の都道府県単位化
	2019.10	幼児教育無償化
	2021. 3	マイナンバーカードが健康保険証にも

政策	年　月	報告・動向など
政権党	2018. 5	財政再建に関する特命委員会報告
	2019. 5	「令和」時代・経済成長戦略
	2019. 5	今後の社会保障改革について―2040 年を見据えて
経済界	2014. 4.15	わが国企業の競争力強化に向けて（国際的イコール・フッティング）
	2017.11	データ流通推進協議会設置（大日本印刷、富士通、日立製作所など）
	2019. 4.18	新時代の社会保障改革ビジョン

資料　*149*

資料2

包括的民間委託についての意見書

2019年3月1日
自治労連弁護団

1　はじめに

(1)　最近、全国各地の自治体において、従来は臨時・非常勤職員が担っていた自治体の業務を民間企業等に包括的に委託し、当該業務に従事していた臨時・非常勤職員を解雇あるいは雇い止めにする動きが現れている。

　　こうした包括的民間委託の動きは、2017年5月の地方公務員法改正（2020年4月施行）による会計年度任用職員制度への移行に乗じて加速しており、地方自治体の中には、会計年度任用職員制度の導入に伴う財政負担増や人事管理の煩雑さを避けることを口実にしているものがある。

　　しかし、後述するように臨時・非常勤職員の雇用が公務を受託する民間企業に引き継がれる保障はなく、大量の解雇・雇い止めが発生するおそれがある。そもそも、会計年度任用職員の制度は、問題はあるものの、臨時・非常勤制度の適正な任用・勤務条件を確保することを目的として導入されたものであって、期末手当等の支給もそうした適正な勤務条件確保の一環として定められたものである。

民間の非正規労働者の処遇改善については、いわゆる働き方改革法により、改正パート・有期契約労働法8条、9条が、パート・有期契約労働者について、いわゆる正社員と比較して均衡・均等処遇を義務付けたことからすれば、会計年度任用職員に対する期末手当等の支給は、現在の臨時・非常勤職員の劣悪な処遇の、ほんのささやかな改善に過ぎない。地方自治体が、その程度のささやかな改善すら回避するために包括的民間委託を導入することは、臨時・非常勤職員の勤務条件の確保の責任を免れ、臨時・非常勤職員の雇用に対する責任をも放棄することであって、許されるものではない。

(2)　また、包括的民間委託の動きは、安倍政権が骨太方針によって推し進めてきた「公的サービスの産業化」方針にしたがって、公務の範囲を縮小し（「小さな政府」化）、これを民間企業の営利の対象とする（「公務の市場化」）ものであるが、このような施策は地方公共団体の公的責任を放棄するものにほかならない。

　　しかし、そもそも地方自治体が

担ってきた公務は、窓口業務（国民健康保険、年金、戸籍、住民基本台帳等）、小中学校、児童福祉、介護保険、障害者福祉、保険、医療、衛生、上下水道、市町村道、都市計画、消防、商工業の振興など、多様かつ多数であり、いずれも住民の生活に関わる極めて重要なサービスである。その中には各法令の趣旨に沿った専門的知識や経験を要する判断に満ちた業務が数多く含まれており、業務の性質上、民間企業への委託になじまないものが多い。包括的民間委託を推し進めることは制度の根幹を歪め、住民サービスを低下させるものにほかならない。

　こうした包括的民間委託による住民サービスの低下は、公務員を「国民全体の奉仕者」とし、公務を通じて国民にサービスを提供することで国民の基本的人権を保障しようとした日本国憲法15条の理念、そして「住民の福祉の増進を図ること」を謳う地方自治法1条の2の趣旨にも反するものである。

(3)　本意見書は、地方自治体の包括的民間委託の問題点について、偽装請負のおそれ、法令違反のおそれ、個人情報保護の低下のおそれ、住民サービスの低下のおそれ（業務の非効率化、専門性・継続性の喪失、受託業者の途中撤退のおそれ、コスト増のおそれ）、臨時・非常勤職員の大量の解雇・雇い止め

のおそれの5つの観点から当弁護団の見解を明らかにするものである。

2　偽装請負のおそれ
(1)　偽装請負となるおそれがある包括的民間委託
　ア　民間委託は、一般には業務処理に関する請負契約であるが、受託企業が発注自治体に労働者を派遣する側面をもつため、あくまで請負という実態を有するためには、労働者に対する指揮命令は受託企業が自ら行い、発注自治体が指揮命令を行わないことが必要である。
　イ　この点については、「労働者派遣事業と請負により行われる事業との区別に関する基準」（昭和61年4月17日労働者告示第37号、いわゆる「37号告示」）が、①「自己の雇用する労働者の労働力を自ら直接利用するものであること」、及び、②「請け負った業務を自己の業務として当該契約の相手方から独立して処理するものであること」を、労働者派遣ではなく請負であると認められるための要件として示しており、これに基づき厚生労働省・都道府県労働局が作成した「労働者派遣・請負を適正に行うためのガイド」では、請負労働者の業務の指示に関して、具体的な判断基準が

示されている。

ウ それゆえ、民間委託が偽装請負とならないためには、自治体職員が請負労働者に業務上の指示をしたり、請負労働者の管理・監督してはならないことはもちろん、民間事業者ないしその管理責任者への発注行為も、発注権限を有する職員から行われなければならない。発注権限のない一般の自治体職員からの発注行為の実態は、請負労働者に対する業務に関する指示・管理であり、偽装請負となる。

エ 例えば、法務省民一317号通知によれば、窓口業務の民間委託は「市区町村職員が業務実施官署内に常駐し、不測の事態等に際しては当該職員自らが臨機適切な対応を行うこと」を前提としている。民間事業者の事務処理にあたって委託自治体の職員が臨機適切に指示をするということは、とりもなおさず職員が随時民間事業者の労働者に直接の指揮命令をしなければならないことを意味し、これでは37号告示が定める「業務の遂行に関する指示その他の管理」を受託企業が「自ら行う」(第2条1イ)との要件を満たさないことになる。

オ また、機械、設備、器材、作業に必要な材料、資材も、市区町村が用意したものであって民間事業者が自ら提供したものでなければ、37号告示が定める「自己の責任と負担で準備し、調達する機械、設備若しくは器材(業務上必要な簡易な工具を除く。)又は材料若しくは資材により、業務を処理する」ものであって「単に肉体的な労働力を提供するものでない」(第2条2ハ(1))との要件を満たさないことになる。

(2) 管理責任者の実態がなければ偽装請負

このように、37号告示によれば、現場での作業の遂行に関する指示、請負労働者の管理、発注者との注文に関する交渉等は当該事業主が自ら行う必要があり、当該作業場に管理責任者を置く場合でも、その管理責任者は事業主に代わってこれらの権限を行使し得る者でなければならず、かつ、現にその権限を注文者から独立して行使しなければならない。

したがって、民間委託の現場において、受託事業者が労働者に「管理職」あるいは「管理責任者」といった肩書を付与したとしても、37号告示に基づく具体的判断基準に照らして、事業主に代わる権限とその権限に基づいて業務指示等を行っているという実態がなければ、それは「管理職」あるいは「管理責任者」を偽装したものというほかなく、「偽装請負」とな

ることは避けられない。

(3) 東京都足立区の例

東京都足立区では、2014年から、公権力の行使にあたる審査・決定を除いた戸籍・住民票事務を、富士ゼロックスシステムサービス株式会社（以下「富士ゼロックス」という。）へ民間委託した。

富士ゼロックスは、当該受託業務に従事する多くの労働者に管理責任者としての肩書を付与し、発注自治体からの指示を、交渉権限を有する富士ゼロックス側の管理責任者に対する発注であるという形式をつくり出していた。しかし、上記の37号告示の基準に照らせば、管理責任者が事業主に代わる権限とその権限に基づいて業務指示等を行っているという実態があるとは認められない。足立区の民間委託では、足立区長が、労働者派遣法第24条の2に違反する偽装請負にあたるとして、東京労働局から是正指導を受けている。

こうした例に見られるように、包括的民間委託は、偽装請負として違法となるおそれが極めて高い。

3 法令違反のおそれ

自治体の業務は多岐にわたっており、住民の基本的人権の保障、個人情報の適正な管理など、重要な役割を担うものである。それゆえ各種法令に則った適正かつ迅速な対応が求められており、これまでは、こうし

た役割を専門的な知識・経験を持った正規職員が担ってきた。

こうした業務に関する安易な民間委託の拡大は、各種の法令に違反する事態を招きかねない。

前述の東京都足立区では、戸籍法及び住民基本台帳法において市区町村の事務とされている事務を民間事業者に委ねていたことなどが問題となり、東京法務局から足立区に対し、窓口で書類の不備等を理由に受理しない行為を民間事業者が行うことが実質的な不受理決定に等しく、委託の範囲を超え、戸籍法及び住民基本台帳法に違反すると指摘され、改善指導がなされている。

4 個人情報の保護が低下するおそれ

自治体の窓口業務は、戸籍、住民票、国民健康保険、介護保険、年金、生活保護、保育、住民税、固定資産税など多岐にわたるものであり、その多くが住民個人のプライバシーに関する個人情報である。

こうした情報に民間事業者が接することは、住民の個人情報の保護やプライバシー権の保障を脅かすものである。

行政と民間事業者との間で、個人情報を保護する旨の協定が結ばれたとしても、公務員であれば懲戒処分や刑事罰が設けられていることと対比すれば、個人情報の漏えい等の問題が生じる危険性は著しく高い。

ひとたび個人情報の漏えいが生じ

れば、行政としても住民に対する損害賠償のリスクを負うこととなる。例えば、宇治市の管理に係る住民基本台帳のデータを使用した乳幼児検診システムの開発業務を民間業者に委託したところ、再々委託先のアルバイト従業員が同データを不正にコピーして名簿販売業者に販売した事件が起こり、これについて提起された裁判では、プライバシー侵害が認定され、宇治市に対し、住民一人あたりに1万円の損害賠償を支払うことを命じる判決がなされている（大阪高裁平成13年12月25日判決・宇治市個人情報流出事件、LLI/DB判例秘書登載）。

5　住民サービスの低下のおそれ
　(1)　業務の非効率化
　　　民間委託において偽装請負を避けようとすれば、業務について自治体職員と受託企業の従事者の間で直接のやりとりができなくなる。窓口でトラブルが発生したり、自治体職員の判断を仰ぐことが必要な場合であっても、自治体職員と受託企業双方の管理職を通じたやりとりしかできなくなる。
　　　これでは業務がかえって非効率となり、住民サービスの低下を招くおそれがある。
　(2)　専門性・継続性の喪失
　　　地方自治体の公務は、専門的な知識を必要とするものであり、職員が継続的に従事することで、専門性を高め、経験やノウハウを蓄積しているものである。
　　　ところが、民間委託が実施されれば、業務を担当する者が自治体職員から受託会社の社員に移行するため、当該業務について自治体職員に蓄積され、継承されてきた専門性、ノウハウや経験が失われることになる。さらには、受託業者においても、契約期間の終了に伴う受託業者の入れ替えや企業内の社員の入れ替えなどによって、公務に必要な専門性や経験が蓄積されず、住民サービスの低下を招くおそれがある。
　(3)　受託業者の途中撤退のおそれ
　　　受託企業が委託契約の途中で撤退し、住民サービスが損なわれる危険がある。
　　　受託企業は、民間事業者として営利を追求するものであり、採算がとれなかったり、必要な人員等を確保できないということになれば、契約の途中で撤退することも十分あり得るのであって、これにより住民サービスの著しい低下を招くこととなる。
　　　実際に受託企業の途中撤退は各地で発生している。静岡県浜松市では2015年4月、給食調理を民間企業に委託したところ、新学期の直前になって市が求める基準での調理員が確保できなくなったとして撤退が表明され、一学期間にわたって給食が実施できない事態

となった。また、大阪市では区役所の窓口業務を民間委託したが、2018年、受託企業が事業の採算がとれなくなったとして撤退を表明し、代わりの業者が決まらずに、区役所内のほかの職員を動員して窓口業務を行わざるを得なかった。

⑷ コスト増のおそれ

そもそも、民間委託が直営よりもコストを削減できるとは限らない。

学校給食調理では民間委託の結果、かえって経費が膨らんでいる自治体が少なくない。また、委託料には、人件費に加えて企業の利益が「管理経費」などの名目で加算されることになり、結局、直営の時よりもコストが高くなるおそれがあり、かえって住民サービスの低下を招く。

6 臨時・非常勤の大量の雇い止めのおそれ

今般、会計年度任用職員制度への移行に伴う財政負担や人事管理の煩雑化を避けるという理由で包括的民間委託を行い、臨時・非常勤職員の身分を移管しようとする地方自治体があらわれている。

しかし、雇用の継続を希望する職員全員が受託する民間事業者に雇用される保障はない。また、仮に雇用されたとしても、従前の賃金・労働条件が維持される保障はどこにもない。それどころか、地方自治体が委託費を削減したり、受託企業が営利優先の経営を行えば、賃金などの労働条件が低下することは必至である。委託契約は単年度契約が多く、期限が到来する度に入札やプロポーザルなどでコスト削減競争が行われれば、労働条件はいっそう低下することになる。入札等の結果、受託業者が入れ替われば、そのたびに大量の雇い止めが発生することになる。このような低賃金化や大量の雇い止めの発生は、地域経済にとっても、ひいては自治体財政にとっても、大きな損失である。

7 結論

このように地方自治体における公務の運営においては、包括的な委託を含む安易な民間委託への移行は、偽装請負となるおそれがあり、各種法令にも抵触し、しかも、住民サービスが低下するおそれがあって、「住民の福祉の増進を図ること」という地方自治法1条の2の趣旨にも逆行するものであって、地方自治体がその公的責任を放棄するものに等しい。

公務員を「全国民の奉仕者」とした憲法15条の理念に照らし、自治体が責任を持って実施すべき業務は、任期の定めのない常勤職員を中心として運営するという原則に立ち返るべきであり、民間への包括委託は行うべきではない。

資料 *155*

資料3
公正で民主的な公務員制度の確立をめざす提言（抜すい）

2018 年 9 月 1 日
日本国家公務員労働組合連合会（国公労連）

1 はじめに

2 公務員制度の変遷と「改革」のねらい
(1) 公務員制度の有り様が公務の質を左右する／(2) 次第に強化されてきた官邸の権限／(3) 公務員制度「改革」は大企業・財界のための改革

3 公正で民主的な公務員制度をめざすための課題
(1) 官邸の権限強化で歪められた政策決定〜内閣府・内閣人事局の見直しを／(2) 権利確立と公正・中立性の高い中央人事行政機関の確立が必要／(3) 公正で民主的な制度には、透明性の確保が不可欠／(4) 国民の権利保障機能を阻害する総人件費抑制方針の転換を
　　（以上、略）

4 公正で民主的な公務員制度をめざすために〜私たちの提言〜
　　国公労連は、前記で明らかとなった公正で民主的な公務員制度の確立をめざすうえで明らかとなった課題について、「全体の奉仕者」として国民の権利保障を担うという国家公務員の役割をふまえて、次の観点から公務員制度を抜本的に改めることを提言する。

(1) 公正で民主的な政策決定のための仕組みの整備
　1) 各府省の自律性を弱め、政策決定を歪める内閣府については、所掌事務を関係府省に移管するとともに、総合調整機能や各府省に収まらない施策については新たな機関が担う仕組みを整備するなど、廃止を含めてそのあり方を抜本的に見直すこと。
　2) 幹部職員等の人事については、各府省共通の基準を設けるとともに、中立した第三者機関が担う制度とすること。
　3) 森友・加計問題などで指摘されている政策決定を歪めるような政治と官の関係についての疑惑については、国会の国政調査権を発動するとともに、第三者機関を設置して、真相解明と再発防止策を確立する仕組みを整備して、公務の公正・中立性を確保すること。

(2) 民主的な人事行政機関の設置と公務員の権利保障

1) 内閣人事局を廃止するとともに、人事院を改組して、国民のための公正・中立、安定した行政を担保するための新たな人事行政機関を設置すること。新たな人事行政機関は、内閣から独立した中立の行政委員会とし、任免、分限、保障、服務、研修などを所掌する。

賃金、労働時間、退職金などの労働条件は、団体交渉で決定することを基本に、その実務を所掌する使用者機関を設置すること。

2) 争議権を保障し、争議行為に対する刑事及び民事責任を課さないこと。ただし、国民の生存権との関わりで争議行為に一定の制約を課す必要がある場合は、労働関係調整法に準じて新たに措置すること。

労働協約締結権を含む団体交渉権を保障し、すべての労働条件は労使対等の原則に基づき団体交渉で決定すること。労使協定の履行について財政措置や法改正が必要な場合は、使用者の責任で措置すること。

すべての公務員の団結権を保障し、団結自治に反する登録制度を廃止するとともに、非現業以外の労働者も加入できる単一組合の設立を可能とすること。また、管理職員の範囲については、労働組合法に順じた規定と

し、労働組合が自主的に組合員の範囲を決定できるようにすること。

3) 不当労働行為の禁止とその救済措置を確立すること。

また、労使間の紛争に関し、斡旋、調停、仲裁及び緊急調整を行うとともに、不当労働行為の救済、労働組合の資格審査を行う機関として、現行の労働委員会の構成、権限等を最低の基準とした「公務労働委員会（仮称）」を中央に設置すること。

4) 公務員の政治的行為の制限を抜本的に見直し、憲法で保障された市民的・政治的権利を保障すること。

(3) 公正・中立・透明性の確保
1) 行政の公正・中立・透明性の確保、行政と予算の私物化、不正・腐敗を防止するために、各官署毎に職員代表と当局代表による「行政運営委員会（仮称）」を設置し、政策決定、予算執行、行政運営、文書管理について職員の意見を反映する制度を確立すること。

また、情報公開や公文書管理の運用にあたっては、調査権限を有する第三者機関を設置して、公正・中立・透明性を確保すること。

2) すべての職員が行政の専門家として政策決定や行政運営にあ

たって、自らの意見を主張する
権利と上司の職務上の命令に対
する意見を述べる権利を保障す
るとともに、不利益禁止規定を
設けること。

　また、内部告発権を保障し、
一切の不利益が課せられないよ
う国民監視の公正な制度を確立
すること。

3）　人事評価制度は、中・長期的
な人材育成と適材適所の人事配
置に活用する制度に改めるとと
もに、短期の評価を直接給与や
昇任・昇格に反映しないこと。

4）　分限・懲戒について、その基
準について労使協議により明確
にするとともに、手続きについ
て事前審査からあらゆる段階で
の職員と労働組合の参加を保障
すること。

5）　公務員制度として、公務の特
殊性を踏まえた退職手当や年金
のあり方を見直すこと。

　また、退職管理にあたっては、
現役時代の公正・中立性の確保を
前提に、職業選択の自由を十全に
保障すること。

⑷　国民の権利保障機能の強化

1）　国民の権利保障機能を十全に
果たすために、役割と需要に応
じた体制を確保すること。その
ため、総人件費抑制方針を改め
るとともに、総定員法の廃止と
定員削減計画の中止・撤回する

こと。

2）　非常勤職員制度を抜本的に見
直し、雇用の安定、均等待遇を
はかる法制度を整備すること。
また、恒常的・専門的・継続的
業務に従事する非常勤職員は、
常勤化・定員化すること。

資料4 スマートシティモデル事業の概要

先行モデルプロジェクト（15事業）

地　区	自治体	事業者代表	参加企業
札幌市中心部及び郊外	札幌市	日建設計総合研究所	フェリカポケットマーケティング、タニタヘルスリンク、トーマツ、イオン北海道、つくばウエルネスリサーチ、戸田建設ほか
仙北市全域	仙北市	フィデア総合研究所	モネ・テクノロジーズ、東光鉄工、東北大学、池田、ヤンマーアグリジャパン、北都銀行、秋田銀行
つくば市全域	茨城県、つくば市	筑波大学	鹿島建設、KDDI、日本電気、日立製作所、三菱電機、関東鉄道、CYBERDYNE
宇都宮市全域	宇都宮市	宇都宮大学	早稲田大学、宇都宮ライトレール、KDDI、関東自動車、日本電気、東京ガス
毛呂山町(埼玉)全域	毛呂山町	清水建設	協議会構成員
柏市・柏の葉キャンパス周辺	柏市	三井不動産	柏の葉アーバンデザインセンター、UDCKタウンマネージメント、日立製作所、日本ユニシス、凸版印刷、日本電気、柏ITS推進協議会、パシフィックコンサルタンツ、首都圏新都市鉄道、産業技術総合研究所、富士通交通・道路データサービス、川崎地質、奥村組、国立がん研究センター東病院、長大、東京大学モビリティ・イノベーション連携研究機構、アイ・トランスポート・ラボ
大手町・丸の内・有楽町エリア	千代田区	大手町・丸の内・有楽町地区まちづくり協議会	協議会構成員
江東区豊洲エリア	東京都・江東区	清水建設、三井不動産	IHI、NTTデータ、TIS、東京ガス不動産、東京地下鉄、日本電気、日本総合研究所、日立製作所、三井住友銀行、三井住友カード、三菱地所、東京大学（オブザーバー）
熱海市市街地、下田市市街地	静岡県、熱海市、下田市	ソフトバンク	東京急行電鉄、三菱電機、三菱総合研究所、ナイトレイ、パスコ、タジマモーターコーポレーション、ダイナミックマップ基盤
藤枝市全域	藤枝市	藤枝ICTコンソーシアム	協議会構成員
春日井市高蔵寺ニュータウン	春日井市	名古屋大学	kDDI総合研究所、名鉄バス、春日井市内タクシー組合、高蔵寺まちづくり、都市再生機構、日本総合研究所

資　料　159

課題と具体的取組	関連する施策
課題：健康寿命・政令市ワースト3。取組：徒歩と公共交通利用により市民が健康に。健幸ポイントシステム	健康データクラウドの一元管理
課題：基幹産業である農業と観光業の生産性向上。取組：ドローンやAIによる生産性向上、物流効率化	
課題：自家用車依存が高い地域のモビリティの在り方。取組：統合型移動サービスの実現（顔認証決済など）、IoT・AI利活用によるインフラ構築・社会サービス	総務省RPI（革新的ビックデータ採択処理技術推進）導入補助候補団体、総務省クラウドAIによる行政情報・健診情報分析実証事業提案団体
課題：LRTを軸とした公共交通ネットワークによる効果最大化。取組：「デジタルツイン都市モデル」構築、ICTを活用した交通・経済のエリアマネジメント	
課題：ニュータウンの交通、インフラの維持管理。取組：自動運転社会実装、官民保有データ活用による地域データセンター（デジタルガバメント）実現	
課題：大学・病院等施設間のつながり強化など。取組：域内エネルギープラットフォーム構築、AI解析による公共空間の整備・管理、健康デーや収集による健康サービスなど公民学連携の高密複合空間具現化	
取組：ビジネス街の災害リスクや複雑な移動導線への対応。取組：キャッシュレス化推進、AI防災の展開、スマートエネルギーシステム構築、データプラットフォームなどで日本の成長を牽引する	
課題：インバウンド対応強化や防災対策など。取組：3次元空間情報データベースの構築、交通、生活・健康、防災・安全、環境、観光の横断的実証・実用化	
課題：流通・交通サービスの衰退、脆弱な公共交通網、災害時の交通インフラの分断。取組：仮想3次元県土を構築しスマート循環型の地域づくり	
課題：自然災害リスクやインフラの維持管理、郊外・中山間地の交通対策。取組：藤枝ICTコンソーシアム中心にインフラ維持管理やデータを利活用し都市の強靭化	総務省RPI候補団体
課題：高齢期を迎えた高蔵寺ニュータウン居住者への公共交通サービス。取組：産学官連携による自動運転を含む新たなモビリティサービスにより移動実現	

出所：国土交通省スマートシティプロジェクトチーム資料等より作成

地　区	自治体	事業者代表	参加企業
けいはんな学研都市	京都府、木津川、精華町	西日本電信電話	国際電気通信基礎技術研究所、けいはんな、関西学研都市交通、関西電力、京阪バス、木津川市商工会、精華町商工会、双日、奈良交通、日本テレネット、オーシャンブルースマート、島津製作所
益田市全域	益田市	益田サイバースマートシティ創造協議会	協議会構成員
三次市川西地区	広島県	マツダ	NTTデータ経営研究所、NTTドコモ、川西地区自治連合
松山市中心市街地西部	松山市	松山アーバンデザインセンター	伊予鉄道、四国旅客鉄道、日立製作所、愛媛大学、日立東大ラボ（オブザーバー）

重点事業化促進プロジェクト（23事業）

地　区	自治体	企業代表者	参加企業
仙台市泉パークタウン	仙台市	三菱地所	パナソニック、パナソニックホームズ、関電不動産開発、東北電力
守谷市全域	守谷市	福山コンサルタント	玉兼酒店、栗原酒店、松丸酒店、地引酒店、酒のふるや、もりや循環型農食健協議会
前橋市全域	前橋市	超スマート自治体研究協議会、東京大学	帝国データバンク、三菱総研
さいたま市美園地区、大宮駅周辺地区	さいたま市	美園タウンマネジメント	アーバンデザインセンター大宮
大田区羽田空港跡地第1ゾーン	大田区	羽田みらい開発	鹿島建設、日本総合研究所、アバンアソシエイツ、NTTドコモ、三井住友銀行、デンソー、トヨタ自動車、SBドライブ、WHILL、空港施設、ピットデザイン、東邦大学、日本空港ビルディング、ロイヤルゲート、ドコモ・バイクシェア
横浜市みなとみらい21地区	横浜市	横浜みなとみらい21	横浜スマートビジネス協議会（幹事アズビル、大成建設、東京ガス、東京電力エナジーパートナー、東芝エネルギーシステムズ、明電舎、みなとみらい21熱供給ほか）
川崎市新百合ヶ丘駅周辺地区	川崎市	小田急電鉄	
横須賀市全域	横須賀市	NTTドコモ	京浜急行電鉄
新潟市全域	新潟市	NTTドコモ新潟支店	福山コンサルタント
永平寺町全域	永平寺町	日本工営	えい坊くんのまちづくり、東京大学

課題と具体的取組	関連する施策
課題：敷地・規模が大きく、移動の障壁や企業間の交流等に影響。高齢化する地域社会への対応。取組：移動環境を整備し、科学技術と生活・文化が融合した暮らしのモデル構築	
課題：道路や河川の監視など社会インフラの維持、耕作放棄地と鳥獣被害等。取組：IoT 基幹インフラシステムの構築により、インフラ維持管理など効果的な防災	
課題：中山間地域の持続可能な地域づくり。取組：地域住民出資による「(株) 川西郷の駅」の高付加価値ビジネス展開による中山間地域の持続可能な社会実現	
課題：歩いて暮らせるまちづくり。取組：都市データプラットフォームやスマート・プランニングの実践により、にぎわい空間を形成	

取　　組	関連施策
公共交通と乗り合いタクシー等の連携、コミュニティ宅配ボックスやロボット活用による物流ネットワーク	
水と緑のグリーンインフラ施設の活用により居住エリアのブランド	
産官学が保有するビッグデータを資源として統合・分析することでEBPM による政策立案を行う	
予約システム導入による公共交通等利用、収集される人流データに基づく歩行回遊シミュレーション等のスマート・プランニング	
パーソナルモビリティによる交通弱者支援、データ活用した健康改善、先端ロボット技術展開ほか	
デジタルサイネージの活用による緊急情報の発信及び施設への蓄電池の導入等	
生活関連サービスと公共交通の連携やビックデータを活用した交通と都市基盤整備	
人口減少と産業流出が進行する三浦半島でデータ機能を有するアプリを導入し、地域内の周遊性向上	
スマート・プランニングとICT を用いた新規施策による都心部活性化、統合型都市交通サービス形成	スマートウエルネスシティ総合特区
行政の窓口及びインフラ監視業務の効率化、ワンストップ災害対応システム構築など	

地　区	自治体	企業代表者	参加企業
岐阜市全域	岐阜市	ソフトバンク	
岡崎市乙川リバーフロントエリア	岡崎市	NTTデータ経営研究所	早稲田大学、NECキャピタルソリューション、小原建設、東芝、デンソー、大成建設、中部電力、東邦ガス、名古屋銀行、西日本電信電話、日本電気、パスコ
大阪市うめきた2期地区、夢洲地区	大阪市	三菱地所	都市再生機構、大阪ガス都市開発、オリックス不動産、関電不動産開発、積水ハウス、竹中工務店、阪急電鉄、三菱地所レジデンス、うめきた開発特定目的会社
加古川市全域	加古川市	日建設計総合研究所	日建設計シビル、日本電気、綜合警備保障、フューチャーリンクネットワーク
倉敷市中心市街地	倉敷市	データクレイドル	
呉市全域	呉市	広島大学	呉工業高等専門学校
福山市全域	福山市	モネ・テクノロジーズ	シャープ、ソフトバンク、福山市バス利用促進協議会、広島県タクシー協会東部支部、復建調査設計
美波町全域	美波町、徳島県南部総合県民局	Skeed	あわえ、サイファー・テック、電信、徳島大学、徳島文理大学
高松市全域	高松市	日本電気	高松琴平電鉄ほか協議会構成員
新居浜市全域	新居浜市	ハートネットワーク	
九州大学箱崎キャンパス跡地及び周辺地域	福岡市	福岡地域戦略推進協議会	協議会構成員
島原市島原半島	島原市、長崎県	長崎自動車	島原鉄道、長崎大学等
荒尾市南新地地区	荒尾市		JTB総合研究所、グローバルエンジニアリング、三井物産、有明エナジー、都市再生機構

資 料 *163*

取　組	関連施策
大規模団地の高齢化を受け、公共交通と健康増進を軸に、健康になるまち「健幸都市ぎふ」実現	スマートウエルネスシティ総合特区
都市再生推進法人が連携ハブとなり、データプラットフォームの構築	総務省 RPI 導入補助候補団体
自動運転バス実証実験、ICT を活用した施設の維持管理・防災、AEMS等の導入によるまちの省エネ化等により、日本の成長を牽引する都市実現	
児童見守りタグデータのまちづくり活用、かこがわアプリと連携した交通サービス実証等	
観光シーズン等における交通混雑等に対応して駐車場や交通のリアルタイムデータを収集、AIで分析、まちなか歩きを誘導	
総合交通拠点・呉駅の機能強化（公共交通基盤と防災機能の強化）	
山間地における乗合タクシーや共同運行システムによる利便性向上	総務省 RPI 導入補助候補団体
災害時に止まらない通信網を構築、平時の「健康マイレージ制度」	
ルート、ダイヤ、運賃、乗客数、バス位置情報を組み合わせたシステムの整備による公共施設マネジメント	
河川水位監視、オンデマンドモビリティ、高齢者見守り、地域ポイント制度を実施するデータプラットフォーム構築	
都心に近く交通利便性の高い、広大な面積（50ha）が開発可能となる、先駆けとしてスマートシティ	
鉄道・路線バス・タクシー・船舶を運営する島原鉄道を中心に交通・観光・防災（遠隔監視システム）の横断的取組	
生体計測センサーによる日常人間ドック、地域エネルギーマネジメントによる自立型で災害に強い街	総務省 RPI 導入補助候補団体

おわりに

　グローバリズムの波にのる多国籍企業や、その意をくむ政府は、短期的なお金儲けしか考えていません。「いまだけ、自分だけ、お金だけ、後はどうなってもかまわない」ではなくて、災害の時代だからこそ人間の命と基本的人権が大切なものとなってきています。一人ひとりの命を守りながら、みんな元気で、健康に基本的人権を守りながら、お互いに幸せに生きて行くことはだれもが願うことです。政治的には保守的といわれる人も含めてだれもが地域で生きています。一致出来ないのは、自分のお金儲けだけを考えている人のみです。できるだけ多くの住民の連携をはかることが、現代のグローバル時代における社会運動の方向だと私は考えています。

　99.9% 運動がアメリカから起き、前回の大統領選挙では、それを背景に、バーニー・サンダースが、無名の候補からヒラリー・クリントンと競り合うところまでになりました。『バーニー・サンダース自伝』（萩原伸次郎訳、大月書店、2016 年）を読むと、彼は学生運動経験者で、無名の政党からバーモント州の州都・バーリントン市長選挙に立候補した最初の選挙では 2% もとれなかったそうです。その後、彼がやったことは、一つは貧困対策で、最低賃金を引き上げていく運動でした。とりわけ待遇が悪かった警察官、消防署員という公務の職員に光を当て、住民運動と連携して取り組みました。もう一つは医療アクセスの改善であり、アメリカには皆保険制度がないため、貧困な人でも医療機会を享受できる施策を自治体としてもつくっていく運動でした。さらには、中所得階層との関係で、環境保全を大事にし、景観がきれいな街をつくる運動にも取り組んでいきました。

　それが過半数の支持を得、市長に選ばれ、そしてさらに一人区の州選出の下院議員に当選し、さらに上院議員にもなっていきます。

連邦議会議員の時代、彼は共和党にも民主党にも入っていませんでした。前回の大統領選挙のときに初めて、大統領候補になるために民主党に入ったのです。しかし、彼の名前が入った法案がいくつもあります。いい政策であれば共和党とも民主党の議員とも政策同盟がつくれる。最低賃金や医療アクセスに関しての法案を、代表の一人として、民主党議員や共和党議員といっしょに提案しています。そういう議会活動をしながら、社会運動とも結合していた。これが大きな要因だったと考えられます。

　イギリスでも、2017年の総選挙で、ジェレミー・コービン率いる労働党が躍進します。予測としては、そんなに伸びるとは考えられていませんでした。その背景を調べてみると、サンダースを押し上げた運動員たちがイギリスで運動のアドバイスをしていたそうです。それまでは労働党はEU離脱など大きな問題での空中戦ばかりをやって、人気を落としていました。そこで、暮らしの問題や生活の問題など足下の国民の生活に根づいた論戦をしたのです。緑の党などとも選挙での連携を強め、選挙を勝ちぬいたそうです。

　これらの動きはある法則性を持っています。グローバル化が進めば進むほど、その富は企業としても地域としても一極集中します。しかも、新自由主義改革の大きな特徴ですが、新しい富は生み出されず、再分配の利益だけを制度改悪によって大企業や富裕層が吸収するということになってしまうのです。住民がそういう構造に気づいたときに、生きるための権利としての生存権をめぐる分野で、つまり賃金と医療アクセス、福祉の問題で、一致点ができます。

　以上の視点から見ると、たとえば沖縄での新基地建設をめぐるオール沖縄のたたかいで、翁長雄志知事の意志を玉城デニー新知事が引き継いで、圧勝しましたが、これも生存権をめぐる問題です。沖縄の地方自治権、アイデンティティ、尊厳を守るたたかいであり、多

数派の意見を吸収できる運動のあり方だと思います。新潟県で、市民連合を軸にした運動で、米山隆一知事を誕生させたときのたたかいも、同じ共通性を持っています。原発、TPP、市町村合併、自治体再編問題で、保守的な人々も含めて一致できる政策連合ができたと私は考えています。

　グローバル化の時代だからこそ、そうした一致点ができる状況が、客観的条件として必然化しています。問題は、主体的にそれを「見える化」し、各地域でまとめていく力を持つかどうかです。「アベノミクス」を中心とした安倍政治、すなわち地方自治を破壊し、改憲と道州制の導入をすすめ、ごく少数者の利益のための政策をおしすすめる「富国強兵」型の政治から、圧倒的多くの主権者のための政治に転換できるかどうかは、ひとえに今後の社会運動のあり方にかかっているのではないでしょうか。それをどう具体的なものとして各自治体のところで政策化し、運動化していくかが焦点なのです。そのためにも、個々の地域における「地域学」の創造・深化と地域住民主権の確立が求められているといえます。

著　者

岡田知弘（おかだ　ともひろ）

1954 年富山県生まれ。京都大学大学院経済学研究科博士後期課程退学。
岐阜経済大学講師、助教授、京都大学大学院経済学研究科教授を経て、
現在、京都橘大学教授、京都大学名誉教授。自治体問題研究所理事長。

主な著書

『日本農村の主体形成』（共著）筑波書房、2004 年
『地域づくりの経済学入門』自治体研究社、2005 年
『地域自治組織と住民自治』（共編著）自治体研究社、2006 年
『協働がひらく村の未来』（共著）自治体研究社、2007 年
『行け行け！　わがまち調査隊』（共著）自治体研究社、2009 年
『新自由主義か新福祉国家か』（共著）旬報社、2009 年
『増補版　道州制で日本の未来はひらけるか』自治体研究社、2010 年
『TPP で暮らしと地域経済はどうなる』（共著）自治体研究社、2011 年
『震災からの地域再生』新日本出版社、2012 年
『増補版　中小企業振興条例で地域をつくる』（共著）自治体研究社、2013 年
『原発に依存しない地域づくりへの展望』（共著）自治体研究社、2013 年
『震災復興と自治体』（共編著）自治体研究社、2013 年
『〈大国〉への執念　安倍政権と日本の危機』（共著）大月書店、2014 年
『「自治体消滅」論を超えて』自治体研究社、2014 年
『地方消滅論・地方創生政策を問う』（共著）自治体研究社、2015 年
『災害の時代に立ち向かう』（共著）自治体研究社、2016 年
『TPP・FTA と公共政策の変質』（編著）自治体研究社、2017 年
『「自治体戦略 2040 構想」と地方自治』（共著）自治体研究社、2019 年

公共サービスの産業化と地方自治
　―「Society 5.0」戦略下の自治体・地域経済―

2019 年 8 月 5 日　　初版第 1 刷発行

　　　　　　　　　著　者　岡田知弘

　　　　　　　　　発行者　長平　弘

　　　　　　　　　発行所　㈱自治体研究社

　　　　　　　　　〒162-8512 新宿区矢来町 123　矢来ビル 4 F
　　　　　　　　　TEL：03・3235・5941／FAX：03・3235・5933
　　　　　　　　　http://www.jichiken.jp/
　　　　　　　　　E-Mail：info@jichiken.jp

ISBN978-4-88037-700-1 C0031

DTP：赤塚　修
デザイン：アルファ・デザイン
印刷・製本：モリモト印刷株式会社

自治体研究社 ─────────────

「自治体戦略 2040 構想」と自治体

白藤博行・岡田知弘・平岡和久著　定価（本体 1000 円＋税）

「自治体戦略 2040 構想」研究会の報告書を読み解き、基礎自治体の枠組みを壊し、地方自治を骨抜きにするさまざまな問題点を明らかにする。

公契約条例がひらく地域のしごと・くらし

永山利和・中村重美著　定価（本体 2000 円＋税）

最低賃金をめぐる議論がある一方、非正規雇用の割合も 4 割近い。働く人の労働条件と事業者の経営環境と地域産業振興をともに改善する公契約条例の意味と実際。

小さい自治体　輝く自治

全国小さくても輝く自治体フォーラムの会編　定価（本体 1700 円＋税）

「自治体消滅論」に立ち向かい、持続可能な地域づくりに取り組む自治体の豊かな実践を紹介する。そこに本来の自治体の姿がある。

TPP・FTA と公共政策の変質
──問われる国民主権、地方自治、公共サービス

岡田知弘・自治体問題研究所編　定価（本体 2300 円＋税）

TPP、FTA の中に組み込まれている "投資家の自由度を最優先で保障する仕組み" が、国民主権や地方自治にいかなる問題を引き起こすかを分析する。

人口減少時代の自治体政策
──市民共同自治体への展望

中山　徹著　定価（本体 1200 円＋税）

人口減少に歯止めがかからず、東京一極集中はさらに進む。「市民共同自治体」を提唱し、地域再編に市民のニーズを活かす方法を模索する。